천부경 강해

天符經 講解

천부경 강해

초판 1쇄 발행 2026년 4월 14일

지 은 이 무진행
           경북 상주시 사벌면 묵상2길 21-184 각근사(054-531-3439, 010-6336-7933)
발 행 인 권선복
편   집 권보송
기록정리 이수경
디 자 인 김소영
전 자 책 서보미
마 케 팅 권보송
발 행 처 도서출판 행복에너지
출판등록 제315-2011-000035호
주   소 (157-010) 서울특별시 강서구 화곡로 232
전   화 0505-613-6133
팩   스 0303-0799-1560
홈페이지 www.happybook.or.kr
이 메 일 ksbdata@daum.net

값 20,000원

ISBN 979-11-24134-22-1 (03290)

도서출판 행복에너지는 독자 여러분의 아이디어와 원고 투고를 기다립니다. 책으로 만들기를 원하는 콘텐츠가 있으신 분은 이메일이나 홈페이지를 통해 간단한 기획서와 기획의도, 연락처 등을 보내주십시오. 행복에너지의 문은 언제나 활짝 열려 있습니다.

겨레의 얼

천부경 강해

天符經 講解

무진행 지음

天符印(천부인)

도서
출판 행복에너지

단군초상

백두산 천지

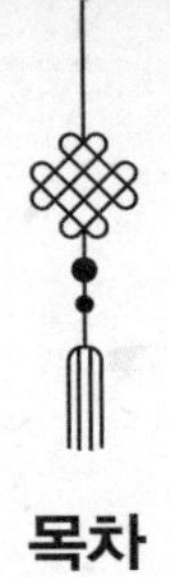

목차

1. 추천사

　무진행(無盡行) 스님, 법명(法名)에서부터 그 뜻이 신묘하고도 새롭다. 천부경(天符經)은 그 앞머리에서 이 우주의 원리를 '아무리 다해도 다할 수 없는' 저 무진본(無盡本)으로 분명 설파(說破)하고 있다.

　바로 이 무진본을 생활 속에서 행(行)한다는 스님의 법명(法名)이야말로 그대로 천부경의 생활화, 그 자체를 의미하기 때문이다.

　그 같은 스님이 수행 중 금세기 어느 날 경(經)의 글이 아닌 생활 속의 깨달음으로 그 천부경이 스스로 밝혀졌다 하니, 스님이야말로 바로 천부경의 화신(化身), 그것이 아닌가 하고 여겨 믿어진다.

　이런 점에서 온몸이 떨려오는 전율(戰慄) 속에서 곧바로 다시 더없는 찬사(讚辭)를 보낸다.

참으로 존엄(尊嚴)하고도 감하(感荷)롭기 그지없다.

지금 강해(講解)를 펼치고 있는 님의 천부경은 그대로 실존하는 저 단제(檀帝) 한배검을 비롯하여 그 님의 개국(開國)은 단순한 개국이 아니라 그대로 개천(開天)이며, 더 나아가 잊히고 왜곡(歪曲)되어 온 역사적 진실(歷史的 眞實)을 되찾고 바로잡는 포괄적인 민족의 실사(實史) 위에서 전개(展開)되고 있다.

그동안 왜상(倭傷)과 중독(中毒) 등으로 한없이 시달려 온 수난(受難)의 역사적 상흔(歷史的 傷痕)으로 볼 때, 실로 가슴이 후련한 정론탁견(正論卓見)이 아닐 수 없다. 그래서 스님은 우리의 천부경을 곧바로 '겨레의 얼'로 규정(規正)하고 있다. 이 겨레는 본래 동이(東夷)의 우리 한족(韓族), 아니 그대로 우리들의 '한(韓)얼'임이 여기 분명(分明)하다.

이 '한얼'에서 '하나(一)'의 한과 '크다(大)'의 한과 '지극한

(天)'의 한 등이 다시 큰 하나(大一)로 만나니, 그대로 천부경(天符經)의 참뜻 그것이다. 천부경은 그렇기에 모든 만유(萬有)가 하나(一)로 만나는 저 만법귀일(萬法歸一)의 논리(論理)를 그 근본(根本)으로 한다. 이때 그 하나(一)로의 만남에 있어 안으로는(內) 일점중심(一點中心)의 원리(原理)요, 밖으로는(外) 일원(一圓)의 원리(原理)이니, 안으로의 일점은 바로 본(本)이요, 밖으로의 일원(一圓)은 그대로 도(道, 길)에 해당한다.

근본이 서면(本立) 그 길은 열린다(道生). 그 근본(本)이 바로 천부경에서 무진본, 부동본(無盡本, 不動本) 등으로 명시(明示)되니, 모두가 그대로 그 중심(中心) 하나(一)로의 만남을 극명(克明)한다. 이때 부동본(不動本)으로는 일체(一切)가 하나(一) 되고, 무진본(無盡本)으로는 만유(萬有)가 하나(一) 된다.

그 부동본(不動本)이 지금 나의 마음속에 있으니 일체유심조(一切唯心造)요, 무진본(無盡本)이 바로 조물주(造物主, 하느님) 마음 안에 있으니 그대로 제법유심조(諸法唯心造)이다.

무진행(無盡行) 스님이 스스로 깨달은 천부경을 밝히는 이 강해(講解) 앞에 무슨 더 할 말이 있으랴?

무슨 말을 더하여도 그것은 뱀을 그리는데 없는 발을 달아주는 사족(蛇足)에 불과하다. 다만, 스님의 이 천부경 강해야말로 용(龍)을 그리는 데 있어 그 마지막의 눈알을 찍는 저 화룡점정(畵龍點睛), 바로 그것이니, 이를 찬양(讚揚)하며 다만 무사(蕪辭)로 추천할 뿐이다.

지금 님이 천부경을 강해하고 있는 각근사(覺根寺), 그곳은 지리적으로 저 속리산맥(俗離山脈)이 다한 곳에 다시 물이 이를 감싸고 있는 형국이라 하니 산진수회(山盡水廻), 나라 안으로는 분명 방내(邦內)의 명구(名區)요, 온 세계로는 천하(天下)의 양지(陽地)가 뚜렷하리라.

이러한 믿음으로 감히 여기 한마디를 더 하고자 한다.

낙동수백(洛東水白)에 천고월(千古月)이요

여기서 굽어보니 낙동강 물이 맑으니 천고의 생명이 달같이 밝고

속리산고(俗離山高)에 백세풍(百世風)이라

우러르니 속리산이 높고 높아 백세의 진리가 바람으로 부네

의여성재(懿歟盛哉)라.

의여성재라.

단기 4345년 임진 중앙절(壬辰 重陽節)

삼각산 인수봉 아래에서

(前) 원임(原任) 성균관장 최창규(崔昌圭, 25대) 근식(謹識)

(前) 서울대학교 정치사학과 교수

(前) 11, 12대 국회의원(지역구)

(前) 독립기념관장

2. 자서

　어려서 우리 상고사는 신화이고 조상 할머니가 짐승인 곰이라고 배운 것이 의심되어, 30대에 유교 사관인 김부식의『삼국사기』, 불교 사관인 일연 스님의『삼국유사』, 우리 민족사관인『환단고기』,『규원사화』,『참전계경』,『삼일신고』와 단재 신채호 선생의『조선상고사』를 공부해 보니 조상 할머니는 성씨가 웅씨(熊氏)일 뿐 짐승이 아니며 상고사는 실사(實史)요, 단황(단군)은 실존임을 알았습니다. (현재 중·고교 역사 교과서에는 중국의 동북공정을 의식하여 바르게 기록되어 있습니다.) 이때『천부경』이 있는 것은 알았으나 뜻은 몰랐습니다.

　그 후 정년퇴직을 하고 호박처럼 서리 올 때까지 내면이

익어가는 삶을 살고자 지인의 안내로 서산대사 4대 명산평(名山評)에 장하되, 수려하지 않아도 명산이라는 (壯而不秀)[1] 지리산의 대성골을 찾아가 토굴을 짓고 선식(禪食)하며 법화경 전 품을 읽고 들숨 날숨을 관하며 기도하기 70여 일 되었을 때, 손발이 따뜻해지고 머리는 차가워지고 모공(毛孔, 차크라)이 열리고 기쁨이 샘물처럼 솟아나고 향기가 토굴에 가득하고 새들이 주렁주렁 앉는 체험을 했습니다.

이때 새들에게 "네 생명과 내가 둘이 아니다"라고 했습니다. 그리고 솟아나는 기쁨이 일시적인가 오래 할 수 있는가를 알아보고자 다시 선정에 들어가 내 나이를 거꾸로 세어 한 살에 이르고 열 달을 더 명상하니, 내 생명은 아버지 사랑(慈), 어머니 사랑(悲), 나의 영(靈)의 기쁨(喜), 즉 자·비·희가 모여 된 것임을 깨달았습니다. 천지는 나와 더불어 본래 하나요 생명의 본질은 사랑이고 기쁨임을 자각한 것입니다.

---

1. 지리산 – 장하되 수려하지 않아도 명산(壯而不秀)
   금강산 – 수려하되 장하지 않아도 명산(秀而不壯)
   구월산 – 수려하지도 장하지도 않으나 명산(不秀不壯)
   묘향산(서산) – 장하고도 또한 수려하여 명산(壯而亦秀)

그날 『천부경』 81자가 영화필름처럼 떠오르며 한 구절, 한 자 한 자 자득되었습니다. 혹시 독단이 아닐까 하여 성인의 말씀과 대조해 보니 거의 맞는 것을 알았습니다. 『천부경』은 겨레의 얼이고 지혜와 복덕을 갖춘 인격이 사는 광화세계(光化世界, 지정각세계(智正覺世界))를 개국, 개천의 목표로 삼고 고조선을 세워 47대 2,095년간 동북아의 맹주가 되어 영광의 역사를 누린 배경 사상으로, 선비 유(儒) 자 없이 유교가, 부처 불(佛) 자 없이 불교가, 신선 선(仙) 자 없이 선도가, 바꿀 역(易) 자 없이 역경이 들어 있어 동양사상의 원조요 세계 정신문명의 시원이라 할 수 있습니다. 설하고 설한 자가 없으니 법신설(法身說)이며, 지역과 인종의 한계를 두지 않았으니 대승 평등사상이며, 마음을 말했으니 심경(心經)이요, 깨달음을 말했으니 불경(佛經)이며, 팔조금법으로 다스리고 천부경과 천부인으로 교화했으니 교화경(敎化經)입니다.

또 『천부경』은 본체와 현상을 심물일원(心物一元)으로 보고 이를 철학적, 과학적, 수학적으로 증명하고 있으며, 일체유심조(一切唯心造)가 교육과 산업의 발전 방향임을 알리고 있습니다. 천지인 삼재가 인연이 다하면 마침내 공으로 돌아가나 (성환(成環)) 이 공은 헛된 것이 아니요, 수학의 '0'과 같은 것으로 인연을 기다려 언제든지 실수가 되듯이 인생도 전생, 사후 49일, 후생이 서로 이어져 있음과 경문중 5·7·1 석 자로 주역 64괘와 불법의 윤회와 열반을 설명하고 있는 것이 특징입니다.

『천부경』 81자를 기신론의 본각, 시각, 구경각으로 설명할 수 있어 요점 파악이 간단명료합니다. 본문 중 '천일일(天一一), 지일이(地一二), 인일삼(人一三)'은 '지성이면 감천'이라는 우리 민족 사자성어의 근거인데 지관쌍수(止觀雙修), 정혜쌍수(定慧雙修), 사마타, 비파사나 수행법입니다.

모든 성인이 이 수행으로 성인이 되었고 만백성이 이 기도로 소원을 이루고 살아왔습니다.

지성을 다하는 민족성이 있어 모든 삶 속에서 열심히 기도했으며, 몽골이 침략했을 때는 불경을 조성했고 나라가 빚졌을 때는 국채를 스스로 상환했고 나라가 부도났을 때는 금을 모았으며, 900여 회 외침에도 살아남을 수 있었고 문맹이 없는 나라가 되었고 높은 아이큐를 갖고 각 분야에서 오늘의 발전을 이루었다고 생각합니다.

신라가 당을 끌어들여 통일하고부터 사대사상은 싹이 텄고 고려 때 꽃이 피고 이조 때 소중화(小中華)를 자처, 사대사상이 열매를 맺으니, 우리 역사와 인물은 있는지도 모르고 중국 역사와 요·순·우·탕, 문·무·주공만 있는 줄 알고 살았습니다. 그래도 사대부들은 청요의 직을 누리고 사는 데 아무 지장이 없었습니다.

그리고 일제가 규장각에 소장된 우리 상고사 관련 20만 권의 책을 불살라 민족정신을 말살했고, 고대사를 신화로 날조, 폄하, 왜곡했으니 겨레의 얼『천부경』은 가르치지도 배우지도 못하여 모를 수밖에 없게 된 것입니다.

그러나 이제 우리는 세계 10대 경제 대국이 되었고 '통일'이라는 대박을 기다리는 희망찬 민족이 되었습니다.

통일이 되면 2024년 기준 이북은 연평균 17% 성장을,

남한은 9% 성장이 기대되어 향후 10년 내 경제 규모가 영국, 프랑스, 독일과 같아질 전망입니다. 이때를 맞이하여 우리 민족은 약소국의 자굴심(自屈心, 못난 생각)에서 벗어나 동양은 물론 세계 정신문명의 원조로서, 과거 동북아의 맹주국으로서의 자존심과 정체성을 되찾고 위풍당당할 때가 되었다고 생각합니다.

『천부경』은 겨레의 얼이므로 남북 평화통일의 공통분모와 통일 후 민족 단결의 효소가 될 수 있으며, 지성감천의 수련을 통하여 대지혜를 얻고 내면의 기쁨이 샘물처럼 솟아나는 체험을 함으로써 살아서 행복하고 후생은 좋은 곳에 태어날 수 있습니다. 또한 지금 우리 사회에 만연하고 있는 웃자람병(물질에 정신이 빼앗겨 생긴 병, 세계 제일의 자살률, 우울증, 교통사고, 음주 등)을 치료할 수 있습니다.

만물의 영장이라는 인류가 역사에 남긴 핏자국을 보면 인간의 탈을 쓰고 짐승의 길을 걸어왔다 할 것입니다. 아무리 강대국이라도 사람을 죽이면 짐승인 것입니다. 그러나 이제 원자탄 수소탄을 서로 들고 함께 죽지 않으려면 사람의 길(양심)을 가야 합니다.

그런 의미에서 인류는 천지가 나와 더불어 본래 하나라는 '천지동근(天地同根), 만물일체(萬物一體)'의 『천부경』의 지혜를 배우고 익히고 깨달아야 합니다.

『천부경』의 대승사상은 지구촌이 모처럼 다문화, 다인종, 다종교를 수용하여 전쟁 없이 함께 살 수 있는 평화 사상입니다.

그리고 우리는 앞으로 우리 시조의 호칭을 단군에서 '단황(檀皇)'으로 존칭하여 불러야 한다고 생각합니다. 왜냐하면 다른 사람이 우리 할아버지를 김 서방으로 부른다고 후손도 그렇게 부를 수 없듯이, 중국 역사서 『위서(魏書)』에서 우리 시조님을 '군(君)'으로 불렀어도 우리는 그렇게 호칭할 수 없기 때문입니다.

임금의 호칭에는 황(皇), 제(帝), 왕(王), 군(君), 후(侯)가 있는데 그 뉘앙스가 다릅니다. 단황은 깨달으신 성인(聖人)이시고 동북아에서 고조선을 세워 교화경(천부경, 천부인)으로 영광의 역사를 누리신 분이니, 중국의 삼황(복희, 신농, 황제)에 준하여 '단황'으로 호칭하고자 합니다.

이를 알리고자 2009년 초판 『천부경 강해』를 낸 후, 17년이 지난 오늘 수정판을 내놓게 되었습니다. 스승 없이 자득한 『천부경』이오니, 독자 여러분의 많은 질정(叱正)을 바랍니다.

원고를 쳐준 신심이 깊은 목련 이수경의 노고에 고마움을 표하며 출판을 맡아주신 도서출판 '행복에너지' 권선복 대표님과 임직원 여러분께 감사를 드립니다.

3. 강해에 들어가기 전에

20대에 군대에서 만나 처음 불교와 인연을 맺어준 평생 길라잡이이자 선지식인, 본각선교원장 보문현 고준환 박사의 우정에 고마움을 전합니다.

40대 재가(在家)한 저에게 법사 수기를 주시고 『법화경』을 가르쳐주신 열반하신 설송(雪松) 큰스님, 유·불·선·기·사도를 큰 강물 흐르듯이 종횡무진으로 회통하여 진리의 안목을 넓혀주신 열반하신 탄허 스님,

그리고 주역을 가르쳐 주신 대산 선생님의 학은에 감사드립니다.

또 집안일과 직장일은 물론 절의 총무 역할도 잘하여, 편

안하게 글을 쓸 수 있도록 도와준 세현 이연자에게 고마움을 전합니다.

고2, 중3이라 방학도 없이 공부하는데 시간을 내어 워드를 쳐준 남달리 의식이 깨어있는 근호 이송식 군, 신해 김진선 양과 책 표지를 천부인으로 멋지게 디자인해 준 생질녀 해인 송혜진의 수고에도 따뜻한 마음을 보냅니다.

그리고 본 『천부경 강해』 출판에 대하여 물심양면으로 협조해 준 화림원 출판사 고봉 김진영 사장과 편집부 임직원에게 깊은 감사를 드립니다.

불기 2552년 11월 일
마니산 각근사 주지 무진행 합장

4. 천부경명(天符經名) 해석

'천부(天符)'란 천지는 나와 더불어 본래 한 덩어리란 뜻입니다. '천(天)'은 진리의 대명사로, '天' 자에 천(一), 지(二), 인(人)이 합성되어 있습니다.

나는 지구에, 지구는 태양계에, 태양계는 은하계에, 은하계는 허공에 떠 있는바 이들은 털끝만큼도 떨어진 일이 없습니다. 다만 우리의 의식이 이를 나누고 있는 것입니다.

천지는 원래 이름이 없으므로 '나', '지구' 등의 이름을 떼어놓고 보면, 우리 몸의 수족이 하나이듯 천지도 그대로 하나임을 확연히 알 수 있습니다. 이것을 성인들은 '불이(不二) 사상'이라 했고, 의상 조사는 "하나는 전체와 더불어 있고 전체는 하나와 붙어 있으며, 하나 중에 전체가 있고 전체 중에 하나가 들어 있다(一即一切 多即一, 一中一切 多中一). 무한한 시간은 일념에 즉해 있고 일념 또한 무한한 시간에 즉해 있다(無量遠劫 即一念, 一念即是 無量劫)."라고 하셨습니다.

또한 이통현 장자는 『신화엄경합론』 서문에서 "무한 공간의 자타(自他)가 털끝만큼도 떨어진 적이 없으며, 무한 시간의 시종(始終)도 나의 일념을 떠나지 않는다(無邊刹境 自他 不隔 於毫端, 十世古今 始終 不移 於當念)."라고 했습니다.

천지가 하나이기 때문에 네 이웃 사랑을 내 몸같이 할 수 있고, 오른손이 준 것을 왼손이 모르게 할 수 있습니다. 모든 선행을 무주상(無住相)으로 행하는 뜻이 바로 여기에 있습니다.

천부경 81자는 9*9=81에서 유래한 것으로 9라는 숫자는 양(陽)의 무한수요, 음(陰)의 무극수 10과 함께 주역의 원리로 보면 무극이 태극이요(無極而太極), 수행의 원리로 말하면 본각이 구경각임을 뜻합니다.(本覺而究竟覺) 그러므로 천부경 81자는 대각(大覺)의 숫자적 표현입니다.

또 8, 1을 작괘(作卦)하면 지천태괘(☷☰)가 되므로, 천하가 태평한 경이라는 뜻이 있습니다.

경(經)이란 변하지 않는 도(道)를 말합니다. 그러므로 천부경은 깨달으신 단황께서 윤회의 원인 8식(八識)을 대원경지(大圓鏡智)로 바꾸어 말씀하신 전식성지(轉識成智)의 대각경(大覺經), 또는 마하반야경입니다. 민족의 자랑입니다.

5. 겨레의 얼 天符經 본문

一始無始一	일시무시일
析三極 無盡本	석삼극 무진본
天一一 地一二 人一三	천일일 지일이 인일삼
一積十鉅無匱化三	일적십거무궤화삼
天二三 地二三 人二三	천이삼 지이삼 인이삼
大三合六生七八九	대삼합육 생칠팔구
運三四成環五七一	운삼사 성환 오칠일
妙衍萬往萬來	묘연만왕만래
用變不動本	용변부동본
本心本太陽昻明	본심본태양앙명
人中天地一	인중천지일
一終無終一	일종무종일

태백산 천제단

마니산 참성단

🔆 가. 일시무시일(一始無始一)

 '일종무종일(一終無終一)'과 함께 놓고 해석하면, 시종이 없는 마음(一)은 시공(時空)을 초월한다는 말입니다.

 마음은 공간적으로 자·타(自他)와 시간적으로 시종(始終)을 초월합니다. 우리 몸을 확대하여 허공을 감싸안아 보면 허공이 내 마음 안에 들어옵니다. 이것을 도식(圖式)하면 천부인이 됩니다. (🔺)

 이때 허공을 감싸안는 그놈을 일컬어 '一'이라 한 것입니다.
 이때 '一'은 1, 2, 3의 '一'이 아니고,
 만법귀일(萬法歸一)의 '一'
 유일무이(唯一無二)의 '一'
 유일무대(唯一無對)의 '一'
 선도의 득일만사필(得一萬事畢)의 '一'
 성경의 하나님입니다.

 같은 범주의 술어들을 열거합니다.

성(性)자리＝도(道)자리＝불성(佛性)＝진성(眞性)＝자성(自性)＝본성(本性)＝영성(靈性)＝각(覺)＝마음의 본체＝시공이 끊어진 자리＝우주의 핵심체＝우주 생기기 전＝천지미분 전 소식＝몸이 나기 전＝현존일념의 기멸 이전의 경지＝한 생각 일어나기 전＝정(情)이 일어나기 전 면목＝모든 생각이 끊어진 자리＝문자 밖 소식＝언어 문자로 표현할 수 없는 것＝49년 설법하고도 한마디도 설한 자 없는 자리＝선악 시비 분별이 붙을 수 없는 자리＝당체가 본래 없는 것＝모양이 끊어진 것＝성인이나 범부가 똑같은 것＝『열반경』의 4덕(상·락·아·정)＝유교의 인·의·예·지＝『중용』의 중(中)과 미발(未發)＝『대학』의 지선(止善)＝맹자의 양지(良知)＝주역』의 통체일태극(統體一太極)＝『시경』의 사무사(思無邪)＝반고씨 이전 소식＝노자의 천하모＝장자의 혼돈＝열자의 태역(太易)＝선종의 최초 일구자(最初 一句子)＝원상(圓相)＝『화엄경』의 최청정법계＝보광명지 등

이렇게 이름을 붙이나 어디까지나 가명자(假名字)입니다. (문광 스님 탄허 선사의 '사교회토 사상'에서 인용)

마음은 언어 문자 상(相)과 사량분별이 끊어진 자리입니다.

공간을 초월하기에 상주(常住)하고 시간을 초월하기에 불멸합니다.

『법화경』에서는 마음이 제자리에 있으니 세간의 현상도 제자리에 있다(是法住法位 世間相常住) 했고, 『반야심경』은 불생불멸, 불구부정, 부증불감을 말했고, 그놈은 오온이 공함을 안다 했습니다. 그놈은 태초에 온 바도, 중간에 머문 바도, 나중에 간 바도 없어 탑돌이 하면서 이르러도 이르러도 떠난 자리(至至發處), 가도 가도 제자리(行行本處)를 화두로 들고 돕니다.

『화엄경』에서는 이 자리를 비로자나불(毘盧遮那佛)이라고도 하며 태양보다 밝은 지혜 광명을 우주에 비춘다 하여 '광명변조(光明遍照)'라 부릅니다.

비로자나부처님은 『화엄경』의 주불(主佛)로서 법·보·화 삼신(三身)과 체·상·용 삼대(三大), 법신·반야·해탈의 삼덕(三德)을 갖추셨습니다. 해인삼매(海印三昧)에 들어보니 일체중생은 부처가 될 수 있는 불성이 있고 일체는 마음이

지은 것이므로, 삼라만상은 해인삼매의 그림자요 메아리라 할 수 있습니다. (一切衆生 悉有佛性, 一切唯心造)

『능엄경』에서는 그놈을 늘 깨어 있어 잠이 깨면 깬 것을 안다고 하여 상진(常眞)이라 했고, 창문 밖에서 찾는 것을 안다 하여 통진(通眞)이라 했고, 시방 어느 곳에서도 듣고 안다 하여 원진(圓眞)이라 했습니다. 부처님이 60세 된 파사익 왕에게 갠지스강물을 언제 보았느냐 물으니 "앞 강물 흐르고, 뒤 강물 따라 흐르는 것을 어머니 손잡고 어려서 보았고 그 후 청년에도 장년에도 노년에도 보았다" 하니, 몸은 늙어도 보는 마음은 늙지 않는다 하셨습니다.

마음은 있는 것도 아니고(非有=妙有) 없는 것도 아니고(非無=眞空), 언어 문자로 품사화하면 물질이 되기에 『금강경』은 27번이나 말씀하고도 즉비(卽非), 아니라고 했고, 색이나 음성으로 나를 찾으면 사도(邪道)를 행하는 것이고 나를 찾지 못할 것이라 했습니다.

노자는 "도를 도라고 말할 수도 없고 이름 붙일 수도 없다"라고 했습니다. (道可道, 非常道, 名可名, 非常名)

원효 스님은 『기신론』을 해설하면서 "대승(마음)은 진속(眞俗)이 평등하며 동정(動靜)이 수성(隨成)하며 염정(染淨)이 사융(斯融)하며 승강(乘降)이 참차(參差)한다. 고로 원융무애하다"라고 했습니다.

부처님은 『법화경』 「여래수량품」에서 "나는 삼계와 같지 않은 곳에서 삼계를 보며(不如三界 見於三界), 여래 수명은 상주불멸한다"라고 했습니다.

시공을 초월한 마음 자체는 깨달음입니다. 고로 '일시무시일, 일종무종일'을 『기신론』의 법에 배대하면 진여문(眞如門)이고 본각(本覺)이요, 금광석에 비하면 원광(原鑛)입니다.

삼처전심(三處傳心)*의 제1구요, 부처님이 꽃을 드니 가섭이 웃었습니다. 일체중생은 부처가 될 수 있습니다.

*** 삼처전심(三處傳心)**

(부처님이 가섭에게 3곳에서 문자 없이 마음을 전한 것, 不立文字
直指人心)

1. **제1구 염화미소(拈華微笑)** – 부처님이 꽃을 드니 가섭이 웃었습
   니다. 그 뜻은 일체중생은 누구나 불성이 있음을 뜻합니다. (一切
   衆生悉有佛性 = 法身)

2. **제2구 다자탑전 분반좌(多子塔前分半坐)** – 다자탑이란 다섯 아
   들을 도통시킨 어머니를 기리는 탑으로, 불성이 있다 해도 어머
   니가 자식을 기르듯 정성을 다하라는 뜻입니다. 이것을 알리고자
   부처님과 가섭이 앉은 것입니다. (常精進 = 報身)

3. **제3구 곽시쌍부(槨示雙趺)** – 부처님이 열반에 드신 후 외출했
   던 가섭이 돌아오니 관 속의 부처님의 두 발이 밖으로 나온 것입
   니다. 이 뜻은 생사를 마음대로 할 수 있음을 보인 것이고(생사해
   탈), 여래는 상주불멸함을 말씀하신 것입니다. (生死解脫 = 化身)

🔵 **나. 석삼극 무진본**(析三極 無盡本)

깨달은 성인은 오안(육안·천안·법안·혜안·불안)이 있어 그중 법안으로 천지인 삼극(현상계)을 분해해 보니, 결국 모두가 공(空)입니다. (諸行無常)

그리고 연기로 된 현상계는 가합(假合)이므로 딱히 '나'라고 할 것이 없습니다. (諸法無我)

그리고 현상계는 가령 허수아비는 스스로 허수아비인 줄 모릅니다. 내가 아는 것입니다. 이것을 '연기무자성공(緣起無自性空)'이라고 합니다. 그러므로 우상은 없고 우상이라고 하는 자의 우상이 있을 뿐입니다.

경주 천마총에 가보면 시체가 없습니다. 오래된 묘를 파보아도 시체가 없는 수가 있습니다. 우리 몸을 구성하고 있는 살과 피는 흙으로, 피고름 진액은 수기로, 심장의 온기는 화기로, 허파의 공기는 풍으로 돌아간 것입니다. 시체가 에너지화한 것입니다. 제상이 비상이 된 것입니다. (諸相非相)

삼극 중 사람을 현미경으로 분석해 보면 뼈와 살, 피로 대별되고 이를 더 자세히 나누어 보면 분자, 원자, 양자, 중성자, 전자, 렙톤(Lepton), 쿼크(Quark)까지 분석됩니다. 이들 렙톤과 쿼크는 입자라기보다는 파동이라고 할 수 있습니다. 이것은 19세기 아인슈타인이 증명한 $E=mc2$(에너지=물질)인 것입니다.(질량불변)

또 20세기 양자역학은 에너지를 분해해 보니 관찰자의 마음대로 +, −의 음양이 바뀌는 것을 보고 더 이상 분석할 수 없음을 발견했습니다. 이것이 무진본(無盡本)입니다.

소위 불교의 일체유심조(一切唯心造)와 심물일원(心物一元)이 과학적으로 증명된 것입니다. 이로써 불교는 과학이 따라와 주어 훨씬 설명하기 좋아졌습니다.

약 40여 년 전 유리 겔라라는 사람이 TV에 출연하여 시청자 중에서 집 안에 있는 수저를 들게 하였고, 자기는 방송국 스튜디오에 있으면서 시청자의 수저를 휘어지게 한 일이 있습니다.

이것이 마음먹은 대로 된다는 일체유심조의 한 예요, 생각이 물질에 미치는 것으로 심물일원을 증명한 것입니다.

예수님이 죽은 나사로를 살린 것과 산 무화과나무를 죽게 한 것은 마음이 생사에 미친 것입니다. 병자를 고친 것은 마음이 질병에 미친 것이며, 아침에 두 부부가 아침밥을 잘 먹고 출근하면서 어제 전화로 부탁한 심부름을 안 했다고 핀잔을 주어 아내가 체했다면 남편의 심리가 아내의 생체에 미친 것입니다. 일체유심조 심물일원의 원리는 앞으로 AI 시대의 주요 연구 과제가 될 것입니다.

이사무애(理事無礙), 사사무애(事事無礙)의 화엄 시대가 열리면 인연도 아니고 자연도 아닌 불가사의를 더 많이 경험하게 될 것입니다. 귀신과 천인 그리고 신중들을 사진을 찍어 볼 수 있을 것입니다. 교육학을 전공하는 학자라면 '단황 왕검의 천부경과 교육과 산업의 발전 방향'이라는 논문을 생각해 볼 일입니다.

'석삼극 무진본'의 가르침은 사람을 분석하여 종국에 내가 없음, 즉 아공을 하늘과 땅을 분석하여 객관의 이치가 따로 없음, 즉 법공과 위 둘을 합한 구공(俱空)을 깨달아 중생을 위하여 백천억 화신을 나투라는 가르침입니다. (願力)

신해(信解)가 원만하면 법신(法身)을, 수증(修證)이 원만하면 보신(報身)을, 행원(行願)이 원만하면 화신(化身)을, 나툴 수 있기 때문입니다. 삼신이 일념 사이에 있습니다.

장자의 물아양망(物我兩忘)과 물화(物化)가 그것입니다.

구공(俱空)을 증득하면 중생을 위해 나비 몸으로 화할 수 있습니다. 일체중생이 불성이 있으므로 나비도 꿈을 꿀 수 있으나 구공을 갖추지 못했기 때문에 장자(莊子)가 될 수가 없습니다. 장자 '호접몽(胡蝶夢)'의 취지는 분별하는 반연심(攀緣心, 생각)을 마음으로 잘못 알고 사는 중생의 삶은 꿈과 같고 메아리 같고 그림자 같음을 알리고자 꿈을 빌린 것입니다.

'일시무시일'과 '석삼극 무진본'을 『반야심경』에 배대하면 '공즉시색 색불이공'이며 '제법공상'이요, 『금강경』의 범소유

상 개시허망 약견제상비상 즉견여래(凡所有相 皆是虛妄, 若見諸相非相 卽見如來)와 같다고 하겠습니다. 허공에 무엇을 더하고 빼고 곱하고 나누어도 허공이듯, 천지인의 종극은 공입니다.

태초에 이름이 없는 허공에 이름을 붙이니 천지(우주)가 생기고, 이름을 떼어보니 그대로 허공일세.

*** 밀린다 왕과의 대화**

희랍철학의 소양이 높은 밀린다 왕과 인도의 불교 승려 나가세나의 대화는 희랍철학과 인도철학의 정면 대결이기도 하다. (『밀린다왕문경』)

처음 밀린다 왕은 "당신의 이름은?" 하고 묻는다. "대왕이시여, 나는 나가세나라고 불리고 있습 다. 그러나 대왕이시여, 나가세나라는 것은 이름에 불과하며 인격적인 개체를 인정할 수 없는 것입니다."
그러자 밀린다 왕은 "인격적인 개체가 없다는 당신을 나가세나라고 부르는 것은 무엇이냐? 머리카락인가? 아니면 손톱인가? 비부? 심장? 눈물? 오줌?… 또는 이것들을 합한 것인가?” 이 질문에 대해 나가세나는 모두 아니라고 답한다.

그러자 왕은 “당신에게 몇 번 물어도 나가세나를 찾아내지 못했는데 나가세나란 말에 불과한 것인가? 그렇다면 지금 내 눈앞에 있는 당신은 도대체 무엇이오?” 부분도 전체도 나가세나가 아니라면서 나가세나는 존재하는 것인지 다시 물어도 답은 여전히 그렇지 않다는 것이다.

그렇다면 나가세나는 있는 것인가, 없는 것인가? 눈앞에 있는 사람을 두고 없다고 하니 불교는 허무주의인가? 철저하게 희랍적인 형식 논리에 훈련된 밀린다 왕은 당혹할 수밖에 없었다.

이때 나가세나는 “왕께서는 어떻게 이 자리까지 오셨습니까?” 하고 묻는다. 왕은 마차를 타고 왔다고 답한다.

“마차로 오셨다니 마차란 무엇이오? 차를 말에 매기 위한 막대기인가? 마차의 바퀴인가요? 바퀴의 살인가요? 차체인가요? 아니면 그것들을 합한 것인가요?” 왕은 이 물음에 모두 아니라고 답한다.

“그렇다면 마차는 이름만 있는 것일까요?” 여기서 왕은 ‘공(空)’의 의미를 터득한다. 마차에 의해, 바퀴에 의해, 살에 의해, 차체에 의해 마차라는 것이 있는 것이다.

모든 것은 연에 의해서 형성된다는 연기론과 희랍의 실체론의 차이를 극명하게 보여주는 문답 내용이다. 불교는 실체론 그 자체를 부정하고 있는 것이다.

(『카오스와 불교』 김용운 저)

다. 천일일 지일이 인일삼(天一一 地一二 人一三)

우리 민족의 사자성어 "지성이면 감천한다"의 근거 경문입니다.

천지인 삼재가 一에 뿌리를 두었으므로 천지는 동근이며, 만물은 일체입니다.

그러므로 생각만 쉬어주면 정신이 통일되고(至誠), 하늘의 양전기(一), 땅의 음전기(二), 사람의 양전기(三)가 공명(共鳴)하여 一六水, 二七火로 수승하강하고, 三八木으로 만물이 자라며 대우주와 소우주가 상왕래(相往來)하여 모공(毛孔=차크라=황중통리)이 열리고 손발은 따뜻해지고 머리는 시원해지고 기쁨이 샘물처럼 솟아납니다(感天).

이때 내 운명을 구성하고 있는 오행(金木水火土)의 조합이 상서롭게 바뀌고 순행하므로 소원이 이루어지는 것입니다.

지성감천은 지관쌍수, 정혜쌍수, 사마타, 비파사나로서

올바른 수행법입니다. 모든 성인이 이 법으로 성인이 되었습니다.

이에 대하여 『불경』은 「육바라밀다」에 선정 수행이 들어 있고, 『주역』 「계사전」에서는 "생각을 쉬고 번뇌가 없으면 고요하고 부동하여 천지 기운이 통하게 되어 있다(易曰 無思也 無爲也 寂然不動 感而遂通 天下之故)" 했고, 의상 조사 『법성게』에서는 "허공에는 중생이 유익한 법의 비가 가득하니 망상을 쉬어주면 반드시 얻는다(雨寶益生滿虛空 叵息妄想 必不得)" 했습니다.

『중용(中庸)』에서는 성(誠)은 천지도(天地道)요 성지자(誠之者)는 인지도(人之道)라 했고, 성은 스스로 밝다(自誠明), 지성은 쉬지 않는다(至誠不息), 정성이 없으면 이루어지는 일이 없다(無誠不物) 했습니다. 성은 신(神)이다.

또 『중용』에서는 신독(愼獨)이라 하며 "마음에 정성이 있으면 얼굴에 나타난다(誠於中形於外)" 했고, 『토정비결』 6,700문항 중에서도 "나쁜 운명(약 15%)에 대하여 신불에 정성껏 기도하라” 했습니다. 이때 신은 산신입니다.

도산 안창호 선생의 무실역행(務實力行)도 성의 실천입니다.

수화(水火) 두 기운이 수승화강(一六水, 二七火)할 때 서로 끌어당기는 힘이 있어 남녀 암수가 함께 살며 만물이 생장합니다.

수화는 체(體)일 때는 상극이나 서로 필요하면 상생합니다.

우리 민족은 지성감천의 원리는 몰라도 실천해 왔기 때문에 지혜가 있고 근면 성실하여 오늘의 경제 대국을 이루었다고 생각합니다.

그러므로 ‘천일일 지일이 인일삼’은 도에 들어가는 문이요, 행복의 열쇠입니다.

신체의 차크라 (경락)

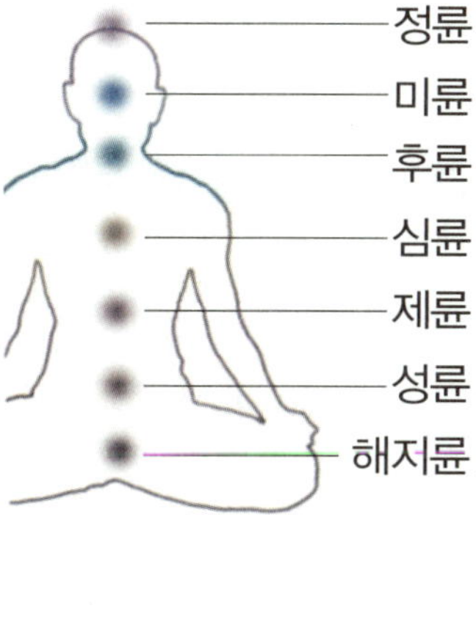

도교	불교	과학	성경
신神	무색계	전기	지혜…신약
기氣	색계	빛	정화(淨化)
정精	욕계	열	뱀(사탄)…구약

지성이면 감천의 과학적 근거(기도의 원리)

우주는 전기가 흐르고 있습니다.

60조의 세포로 구성되어 있는 우리 몸은 소우주입니다.

이 소우주인 우리 몸에서 6.8~7.5Hz의 양전기가 나오고 지구는 음전기가 흐르기 때문에 피뢰침을 땅에 박는 것이며, 지구로부터 80km 상공의 전리층에 7.5Hz의 고유한 양전기가 흐르고 있습니다.

지금 모든 방송국이 전파를 여기까지 쏘아 올려 전 세계에 보내고 있습니다. 우주는 공명(共鳴)하고 있기 때문에 생각을 쉬고 무념에 들면 모공이 열리면서 부족한 에너지가 들어와 환골탈태하게 됩니다.

마음이 가는 곳에 기가 가고 기가 가는 곳에 혈이 가니 자연히 심신의 변화가 오는 것입니다.

원효 스님은 "기도란 감응의 길을 여는 것"이라고 말했습니다. (祈之者 感應路通)

단전(丹田)의 직책과 활용

『황제내경』에 의하면 단전은 배꼽 2촌＝약 3cm 지점에 있습니다.

단전은 심장에 열을 공급하는 기관인데 이 단전은 열을 공급만 하고 보유하고 있지는 않습니다. 그러나 단전 자체가 양(涼, 시원함)한 것은 아니고 항상 신장과 협조해서 심장에 열을 공급하므로 찬 것을 배척하고 습한 것을 억압하니, 단전에는 한·습(寒·濕)이 없고 항상 따뜻한 상태로 사시사철 한·열(寒·熱)의 영향을 받지 않고 간단없이 화(火)를 생산합니다.

단전의 길은 현문(玄門, 오묘한 문)으로 무에서 유를 생하고 유(有)한 것은 장(長)하게 하며, 장한 것은 더 연장시키므로 장부 중에서 이 단전만이 생명을 연장할 수 있는 기관입니다. 그러나 이 단전이 장부 모양으로 일정한 상태를 갖춘 것이 아니니 표면에는 일개의 혈 구멍으로 배꼽 밑에 일 부위를 지적하나, 내부에는 아무것도 없고 다만

기가 심장과 신장을 왕래하면서 심장과 신장의 부족함을 보하고 지나치면 버리고 생명의 장애를 모두 제거하고 순수한 생명의 원동력만 배양합니다.

그러나 활동은 맥으로 나타나지 않고 색·석·향·미·액(色·聲·香·未·液)으로도 표현되지 않습니다. 한마디로 말해서 신비합니다. 사람의 생명수인 침과 가래가 단전의 힘으로 생기고, 골격이 단전으로 인하여 굳어지고 생명의 원천인 피가 단전으로 인하여 더워집니다. 그뿐 아니라 장부의 분배물의 배출을 도와 온기를 유지하게 하니, 다른 장부는 한 가지 일만 하는데 단전의 기능은 광범위합니다.

라. 일적십거 무궤화삼(一積十鉅 無匱化三)

積(쌓을 적 = 加 더할 가)

鉅(톱 거 = 減 덜 감)

일적십거(一積十鉅)

수리를 통하여 인격을 완성할 수 있습니다. 우주 만상은 상이 있고, 수가 있고, 이치가 있습니다. 칠판을 예로 들면 칠판이라는 모양인 '상'과 가로·세로·높이·무게·가격 등 '수'가 있고, 글 쓰는 용도의 '이치'가 있습니다. 이들은 서로 연결되어 있습니다.

이것을 '색즉시공, 공즉시색'이라고 합니다.

'일시무시일'은 철학적으로 본체(마음)를 말했고, '석삼극무진본'은 과학적으로 현상을 말했고, '일적십거'는 수학적으로 본체와 현상을 말하고 있습니다. 이 속에 유불선, 역경이 들어 있습니다.

고운(孤雲) 최치원 선생은 녹도문으로 된 천부경을 한문으로 옮겨 쓰시고, 난랑비문(鸞郞碑文)에 "우리에게는 현묘한 도가 있는데 풍류도라 하며 유불선 삼도를 어우르고 있어 능히 중생을 제도할 수 있다"라고 했습니다. 그 근거는 아래와 같습니다.

'일적십'이란 1+2+3+4+5+6+7+8+9+10=55를 말하고,

'일거십'이란 55−55(1+2+3+4+5+6+7+8+9+10)=0을 말합니다.

먼저 유교의 우주철학 주자(周子)의 『태극도설』을 살펴봅니다.

55−55=0 태극→음양→오행(유합 1·6수, 2·7화, 3·8목, 4·9금, 5·10토)→오상(인의예지신)→건도성남, 곤도성녀→만물화생

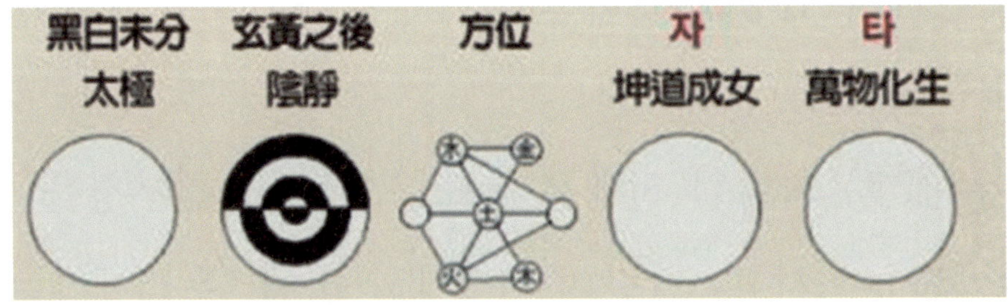

문광 스님의 탄허 선사 사교회통 사상

『주역』의 원리를 살펴봅니다.

0태극→양의(음양)→사상→8괘→64괘로 생멸(확산)하는 것을 역리(易理)라 하고, 64괘→8괘→4상→양의→태극으로 환멸(수렴)하는 것을 역학(易學)이라 합니다.

불교의 원리를 살펴봅니다.

우주의 총수 55는 연기(1+2+3…55)로 되어 있습니다.

연기는 가유(假有)로서 무상합니다. (諸行無常)

연기는 모여서 된 것으로 딱히 나라고 할 것이 없으니 무아(無我)입니다. 연기는 스스로 1, 2, 3이라는 것을 모르니 연기무자성공입니다. (緣起無自性空)

무상, 무아, 연기무자성공을 합하여 공이라 하며 공은 이(理)이므로 심즉리(心卽理)가 되어 일체유심조요, 불생불멸입니다.

예) 불은 스스로 뜨거운 것을 모르고 소금은 스스로 짠 것을 모릅니다. 내 마음이 아는 것을 심즉리라 합니다. 심즉리이기 때문에 맛과 간을 마음대로 맞출 수 있는 것입니다.

　55를 구경각으로 보고 점점 수학하여 10신, 10주, 10행, 10회향, 10지, 등각, 묘각에 이르면 보리를 이루는 것이고 점수입니다.
　반대로 55를 번뇌로 보고 55-55는 0이 되어 번뇌가 소멸되었으니 열반이요, 번뇌 즉 보리로 돈오(頓悟)입니다.

　일시무시일, 일종무종일, 석삼극 무진본, 천이삼 지이삼 인이삼, 운삼사성환오칠일, 묘연만왕만래, 용변부동본, 본심본태양앙명, 인중천지일 모두 불교입니다. 고로 『천부경』은 고불경(古佛經)이라 할 수 있습니다.

　선도의 원리를 살펴봅니다.
　노자는 "만물은 1에서, 1은 0에서 나왔다" 했습니다.
　(道生一 一生二 二生三 三生萬物)
　탄허 스님은 말씀하시기를, "도(道)가 일태극(一太極)을 내고 一이 二 음양을 내고 二가 삼재(三才)를 내고 삼재가

만물을 내었다고 하니 이것이 우주 생성의 법칙이라면 여기서 다시 추궁(推窮)하여 만물을 三으로, 三을 二로, 二를 一로 역급(逆及)하고 보면 一은 원래 생한 곳이 없다. 一은 원래 생한 곳이 없을진대 천지 만물인들 어찌 생한 곳이 있으랴. 그러고 보면 생(生)과 무생(無生)이 둘이 아니며 이(理)와 사(事)가 둘이 아니며 색(色)과 공(空)이 둘이 아닌 것이다. 이 생한 곳이 없는 것을 도(道)라 가명(假名)한 것이니, 이는 일체 성인의 학문적인 종지(宗旨)"라 하셨습니다.

한편 서양의 피타고라스는 1에서 10수를 아르케(제1원리) 또는 모든 수를 믿음을 가지고 연구하여 무리수의 발견, 짝수와 홀수의 구별, 초등기하학의 공리와 정리 등을 수립하여 수학을 과학화함으로써 서양 물질문명 발전에 크게 기여했습니다.

산스크리트어에서 공(空)과 영(零)을 다 같이 '슈냐'로 발음합니다.

공 개념이 수학에서 영(0)임을 시사하는 것입니다.

무궤화삼(無匱化三)

匱(다할 궤, 다할 진)

'무궤화삼'이란 三으로 화하지 않을 수 없다, 즉 三으로 화한다는 말입니다. 0에서 10수를 더하고 빼는 공부를 매우 잘하면 성인이 되어 생사를 해탈하고, 그다음 현인이 되어 생사윤회에 있어서 장기 휴가를 가게 되고, 하등인은 군자가 되어 사람 또는 천상에 태어날 수 있음을 말합니다.

『반야심경』에서는 반야 공부를 잘하여 부처님은 부처가 되었다 하시고, 보살은 몸과 마음의 주종이 몸인 줄 알았다가 마음으로 바로 알았으며(遠離轉倒夢想), 임종에 두려움이 없고(無有恐怖), 생사에 걸림이 없게 되었음(無罣碍)을 말했습니다.

『화엄경』에서는 부처가 부처 된 인과, 보살이 부처 된 인과, 중생이 부처 된 인과, 즉 삼주인과(三周因果)를 말씀하셨습니다.

　흐르는 물을 소가 먹으면 우유가 되고, 뱀이 먹으면 독이 되는 것은 인연이 다르기 때문이듯 수행도 근기에 따라 성현, 군자로 나뉘는 것입니다. 이를『금강경』에서는 일체 현성(賢聖)이 무위법(無爲法)을 차별하여(而有差別) 근기에 따라 가르친다 했고, 의상 조사는『법성게』에서 중생은 자기 그릇만큼 얻어간다(衆生隨器得利益) 했습니다.

　『법화경』「약초유품」에서는 산천초목이 같은 땅에서 비를 맞고 자라는데 근기에 따라 상·중·하, 대·중·소로 꽃피고 열매 맺는다 했습니다.

마. 천이삼 지이삼 인이삼 대삼합육 생칠팔구
(天二三 地二三 人二三 大三合六 生七八九)

위의 뜻은 우주생명공학으로 윤회하는 중생은 어떻게 생기며 늘어나는가를 말하고 있습니다.

보통 하늘 하면 일월성신, 비, 바람, 구름 등 자연천을 말하나 여기서는 하늘에 사는 '천인'을 말합니다. 천인의 존재에 대한 경으로는 『지장경』, 『기세경』, 논으로는 『유가사지론』 등에 자세하게 소개되어 있습니다.

'유가사(瑜伽師)'란 진리 공부에 성공한 사람이고 '논(論)'은 그들이 지은 저서입니다. 천계인천표에는 욕계천 6(사왕천, 도리천, 야마천, 도솔천, 화락천, 타와자재천), 색계천 18(범중천, 범보천, 대범천, 소광천, 무량광천, 광음천, 소정천, 무량정천, 변정천, 복애천, 복생천, 광과천, 무상천, 무뇌천, 무열천, 선현천, 선견천, 색구경천), 무색계천 4(공무변처천, 식무변처천, 무소유천, 비상비비상처천) 합 28천이 있습니다.

　천인의 생멸에 대하여(남희근 저, 신원봉 역『알기 쉬운 불교 수행법 강의』(씨앗을 뿌리는 사람)) P.198 육욕천도에 자세히 설명되어 있어 인용합니다.

　"육욕천의 천인은 수명이 지상의 인간보다 훨씬 길고 복보가 크며 우리와 같은 번뇌가 없습니다. 선행과 큰 공덕을 지었거나 참선 공부를 많이 한 사람이 태어나는데 아직 남녀 간에 욕념이 남아 있어 육욕천(六欲天)이라 합니다. 비록 욕념은 벗어나지 못했었어도 상당히 높은 경지까지 욕념을 정화했기 때문에 육욕천에 나는 것입니다. 욕계 천인들은 여자 배 속에서 태어나지 않고 남아라면 천인의 남자 왼쪽 무릎에서, 여자라면 천녀의 넓적다리 사이에서 납니다. 사왕천의 천인들은 부모의 어깨 위에서 혹은 가슴에서 다섯 살 혹은 열두 살쯤 된 아이의 모습으로 태어나며 색계천(色界天)의 천인은 부친으로부터 태어나는데 정수리가 갈라지면서 태어납니다. 천인의 머리에는 모두 꽃으로 된 모자가 있는데 죽을 때가 되면 이 꽃모자가 먼저 시들며 천인 천녀는 모두 눈물을 흘립니다. 이들은 죽어서

하계로 떨어져 인간으로 태어납니다.

　인류는 남성과 여성이 관계하여 대를 이어가지만 천인이 관계할 때는 『기세경』에 있는 것과 같이, 사왕천과 33천(도리천)이 관계할 때는 근이 뻗어나가는 동시에 바람이 일어나며 관계하고, 야마천은 손을 잡은 것으로 관계하고, 도솔천은 마음으로 관계하며, 화락천(化樂天)은 오랫동안 응시함으로써 관계하며, 타화자재천은 대화함으로써 관계하며, 색계천은 눈으로 정(情)을 전하는 것만으로도 가능하며, 무색계천은 한 생각만 움직여도 자식을 낳을 수 있습니다. 수행이 5계를 지키고 선행을 하고 초선(初禪)에 이르러야 비로소 욕계천에 왕생할 수 있습니다.”

　욕계천 중 도리천을 일명 33천이라고도 하는데, 이는 도리천주 제석천왕이 사방에 8나라를 거느리고 있어 4 × 8＝32＋제석천＝33이 되는 것입니다. 우리 민족은 여기에 연원(淵源)을 두고 환인(제석천황), 환웅천황, 단황(군) 왕검을 시조로 모시고 있는 것입니다.

　세 분 성인의 제례를 세종 때부터 왕이 직접 삼성각에 나와 제례를 올렸다가 일제 때 끊어졌습니다.

　그러나 그 유래로 해마다 12월 31일에 제야의식이 아니고 제천의식으로 보신각종을 33번 타종하여 국태민안을 도리천(33천)에 고하고 있으며, 기미독립선언서에 33인이 서명하여 우리 억울함을 알렸던 것입니다.

　우리야말로 하늘을 믿는 천손족(天孫族)입니다.

　천이(天二)·지이(地二)·인이(人二)는 하늘의 남녀, 동물의 암수, 인간의 남녀이며, 천삼(天三)·지삼(地三)·인삼(人三)의 三은 사람을 예로 들면 생명을 잉태할 때 아버지 정자, 어머니 난자, 나의 영이 합한 三을 말합니다.

　근거는 『주역』 30번째가 택삼함괘인데, 성숙한 남녀가 결혼하여 첫날 밤을 자는 괘입니다. 그 후 10달 되는 41번째 산택손괘는 아이가 출생하는 괘인데, 본문에 어머니 뱃속에 셋이 있다가 한 생명이 태어난다(三人行則損一人)고 되어 있습니다.

대삼합육(大三合六)은 결혼하여 남자가 三이 있고, 아내가 三이 있고, 합하여 六이 되는 가운데 새 생명이 태어나 七八九로 늘어나는 것입니다.

우리 민족은 이 셋을 삼신으로 정하고 아이가 태어나면 밥을 지어 33천에 고했던 것입니다.

인간이 세상에 올 때는 두 가지 유형으로 옵니다. 하나는 원력소생(願力所生)으로 부처님이나 보살 같은 성현들이 중생을 구제하고자 오는 경우이며, 하나는 인연소생(因緣所生)으로 오는데 선연(善緣)은 전생의 선행 공덕을 금생에 갚고자 오기 때문에 그가 태어나면 재산이 늘고 건강해지고 명예를 얻는 등 집안에 경사가 계속 있게 되며, 반대로 악연은 그가 태어나자 부모가 죽거나 이혼하거나 재산이 나가고 병들고 가족 간에 불화하는 등 흉사가 끊이지 않습니다. 효자 충신이 그냥 오는 것이 아니고 다 전생에 심은 결과라 할 것입니다.

서애 유성룡 선생은 5대에 걸친 선대의 적선 공덕으로

선생을 얻었다 하며, 조선 말 『정역(正易)』의 저자 김일부 선생은 "3,000년 적덕지가(積德之家)에 성인이 난다"라고 했습니다. 성인은 일월과 같이 미래제가 다하도록 중생을 이롭게 하여 죽어도 잊히지 않아 영생한다 하였습니다(死而 不忘者壽).

바. 운삼사성환오칠일(運三四成環五七一)

운삼사(運三四)

우주 내 존재는 무상(無常)의 법칙에 따라 천은 성주괴공으로, 땅은 춘하추동으로, 사람은 생로병사를 거쳐 마침내 공(空)으로 돌아갑니다. 현상이라는 상대 세계가 공이라는 절대 세계화한 것입니다. (3×4=12)

성환(成環)

성환은 고리를 이룬다는 뜻으로, 즉 만법이 하나로 돌아가니 '一'이라고도 하고 텅 비어 있으니 원(圓) 또는 공(空)이라고도 하며 수학의 0과 같습니다.

없다고도 할 수 없으니 비무(非無) 즉 진공(眞空)이요, 있다고도 할 수 없으니 비유(非有) 즉 묘유(妙有)이며, 모든 세간법과 출세간법이 여기에서 나오니 법신과 반야, 해탈을 갖추었습니다.

『선가귀감』(서산대사)에서는 "여기에 한 물건이 있는데 본래부터 한없이 밝고 신령하여 일찍이 나지도 않고 죽지도 않았으며 이름 지을 수도 없고 모양 그릴 수도 없음이로다." 했습니다.

한 물건이란 무엇인가. 'O' 옛사람이 송하기를 "옛 부처님이 나기 전에 한 상(相) 뚜렷이 밝았도다. 석가도 몰랐거니 가섭이 전할손가" 했습니다.

이 성환의 이치는 육신이 죽어 공으로 돌아가도 허무한 것이 아니라, 바람에 스치는 한 생각까지도 영(靈)인 8식(함장식, 무몰식, 알라야식)에 저장되어 다음 생을 결정하는 인자가 됨을 알려주고 있습니다.

"삶은 죽음으로부터 온다." 이것은 소크라테스가 독약을 앞에 두고 죽음의 세계로 여행을 떠나기 전에 그것을 직관적으로 깨닫고 한 말입니다.

우리도 이것을 깨달아 바르게 살아야 합니다. 나는 누구이며 어떻게 살 것인가, 나는 사바세계에 육신을 가지고 왜 태어났는가, 어디로 향해 가고 있는가, 탄생과 죽음은 왜 있는가. 『성경』 구약 「전도서」에 지혜 제일이라는 솔로몬이 "헛되고 헛되니 또 헛되도다"라고 외친 독백처럼 인생은 헛된 것인가, 과연 무상을 넘을 수 있는 것인가. 이와 같이 인간의 궁극적인 의문에 답을 갖고 살아야 합니다.

『천부경』은 마음과 육신의 주종을 바로 하고 깊은 선정에 들어 성환의 이치를 깨달으면 무상은 진상(眞常)이 되고, 헛되고 헛된 것을 아는 놈(마음)은 헛되지 않고, 인생 팔고(八苦)는 진락(眞樂)이 되고, 제법무아는 진아(眞我)가 되고, 부정(不淨)은 진정(眞淨)이 되어 번뇌가 없는 마음의 사덕을 갖추고 상주 불멸한다는 것을 알려주고 있습니다. 윤회도 모르고 윤회를 벗어나는 길도 모르면 죽음에서 죽음으로 이어지는 윤회의 비참한 길을 걸을 수밖에 없습니다. 인간으로 탄생한 이 소중한 기회를 세상의 무가치한 일 때문에 낭비하지 말아야 하며 분명한 의식을 지니고 마음의 평정을 이룬 상태에서 임종을 맞이해야 합니다.

『반야심경』에서는 사람의 몸뚱이를 지혜로 비추어보니

육신이 모두 공이니 집착하지 말라고 가르치고 있습니다. 예를 들면 배꼽 밑을 '욕계'라고 하는데 얼마나 많은 죄를 지었으며, 배꼽 밑에서 미간까지를 '색계'라 하는데 재물 등 욕심으로 얼마나 많은 죄를 지었으며, 미간부터 정수리까지 '무색계'라고 하는데 명예로 인하여 얼마나 많은 죄를 지었는가. 『법화경』에 모든 고통의 원인은 탐욕위본(貪慾爲本)이라 약멸탐욕(若滅貪欲) 하면 무소의지(無所依止)라 했습니다.

의사들은 마취제나 진정제로 환자를 마비시키고 가능한 한 연명시켜려 갖은 노력을 다하나, 성환의 도리를 알면 맑은 정신으로 죽음을 맞도록 도와주어야 합니다. 인간은 영적으로 강해졌을 때 환희 상태에서 죽음을 체험할 수 있습니다. 그 상태를 '삼매(三昧)'라 하며 심신이 건강할 때부터 훈련해 두어야 합니다.

앞으로는 대부분 시설에서 보내다가 세상을 하직하게 되는바, 시설에서 느끼는 외로움을 극복할 수 있도록 준비해야 합니다. 외로움이 심하면 우울증이 오는데 우울증을 앓

다가 세상을 떠나면 다음 생에 정신적으로 박약하거나 정신병자로 올 수 있습니다. 그러니 하루 24시간 중 적어도 한 시간은 영적 훈련에 투자해야 합니다.

지금 우리나라 복지제도는 영국의 베버리지(Beveridge)에 의한 '요람에서 무덤까지'라는 일직선 이론에 의하여 법제화되었으나, 『천부경』의 성환, 즉 '원(圓)'의 원리로 바꾸어야 한다고 생각합니다. 생사를 '원(圓)'으로 보면 다음 생이 있기 때문에 임종에 편안하고 끝까지 공부하게 되고 양심을 속이지 않을 수 있지만, 일직선이면 임종에 불안하고 끝까지 공부할 필요가 없고 양심을 지킬 필요가 없습니다. 다음 생이 없기 때문입니다.

세월은 신속하고 생사는 엄숙합니다. 임종 전에 정신이 있을 때 모든 원결을 풀어야 하고, 또 주변에서 풀 수 있도록 도와주어야 합니다. 만약 임종자가 빚이 있으면 빚을 갚아준다고 하고 누구에게 미안한 마음이 있으면 대신 전해준다고 하는 등 생전에 못다 한 일은 후손이 이루겠다고 하여 임종자의 마음을 편안하게 해줘야 합니다. 금생의 모든 집착을 내려놓도록 협조해 줘야 합니다. 남아 있는 후손이 너무 슬피 울면 영혼이 정에 집착되어 떠나지 못합니다. 이런 때는 경을 읽거나 칭명(稱名), 염불하거나 임종자의 덕담을 들려주어 임종자를 편안케 해줘야 합니다.

『성경』「요한복음」 20장 17절에 예수님이 세상을 떠나신 후 막달라 마리아가 시신에 손을 대니 "나를 만지지 마라, 내가 아직 아버지께 올라가지 못했다"라고 되어 있는데, 새 영국 성경(NEB)에는 "나에게 집착하지 마라(Don't cling to me)"로 번역되어 있습니다. 이는 매우 정당한 번역이라고 생각합니다.

영가를 천도해 보면 집착하면 떠나지 못하는 영혼들을 많이 보았습니다.

고리를 이룬다는 성환(成環)과 일원(一圓)은 같은 뜻입니다.

마음은 시공을 초월하고 이름도 없고 상도 없고 생각이

끊어진 자리인데, 비유하여 그림으로 그리면 '일원상(一圓相)=원(圓)'을 그릴 수 있습니다.

이 그림을 중생을 위해 최초로 그린 분은 6조 혜능 대사의 제자 남양(南陽) 혜충(慧忠) 국사이시고, 우리나라에서 마음 만(卍) 자나 등상불 대신 불교 종단의 상징 마크로 활용하신 분은 원불교를 창종하신 소태산 박중빈 대종사이십니다. 일원상과 관련하여 대종사님의 게송과 임종게를 소개합니다. (서문성 교무의『10장으로 된 원불교 100년』)

게송

변산구곡로(邊山九曲路) 변산반도 구곡로를 지나다가
석립청수성(石立聽水聲) 서 있는 돌이 물소리를 듣는다.
(물아양망(物我兩忘)*에 들어(청각으로 듣지 않고) 마음으로 물소리를 들으니)
무무역무무(無無亦無無) (그 듣는 놈(마음)은) 유무와 시공을 초월하고
비비역비비(非非亦非非) 시비를 벗어났도다.

－『장자』「제물론」에 나오는 말로 아공 · 법공 · 구공(俱空)을 말한다.

임종게

유는 무로 무는 유로 돌고 돌아 지극(至極)하면

유와 무가 구공(俱空)이나 구공 역시 구족(具足)이라.

오칠일(五七一)

『주역』 하경(下經)으로 불교의 중음신(中陰身)을 설명합니다.

지금으로부터 5,000년 전에 복희씨라는 성인이 괘를 그려 놓은 후, 주나라 문왕이 그 괘를 설명하고 또 주공이 효를 설명하여 괘는 역이 되고 글은 경이 돼서『역경(易經)』

이라 합니다. 역경은 주나라 때 이루어졌다 하여 『주역』이라고 합니다.

괘는 이치가 걸려 있다는 '걸괘(掛)'에서 따온 것이며, 효(爻)는 괘 속에 걸려 있는 이치의 작용이 어떻게 나타나느냐 하는 것으로 '본받을 효(效)'의 의미이며 효는 통하고 변하는 것으로 봅니다.

총 64괘를 상·하경으로 나누어서 상경은 30괘를 놓고 하경은 34괘를 놓았습니다. 상경은 천도(天道)이기 때문에 하늘과 땅 괘를 먼저 놓았으며, 반면 하경은 인사(人事)가 되기 때문에 남녀가 만나는 첫날밤의 택산함괘(澤山咸卦)를 먼저 놓았습니다.

사람이 임종이 가까워지면 육신을 구성하고 있는 지·수·화·풍 중 지기(地氣)가 먼저 떠나는데 몸이 무거워지기 시작합니다. 그다음은 수기(水氣)가 떠나는데 식은땀이 등에서 나고 침이 마르고 동공이 퍼지고 항문이 열리고 숙변을 누며 남녀가 사정(射精)을 하고, 다음은 풍기(風氣)가 떠나는데 숨이 헐떡거리고 불규칙하며 가래가 끓습니다. 그다음은 화기(火氣)가 떠나는데 화기가 가슴에서 멎으면 사람으로 태어나고, 배꼽 아래로 빠지면 삼악도에 나고, 정수리로 빠져나가면 천상 이상에 태어납니다.

이렇게 육신이 먼저 떠나고 영혼(8식)이 나중에 떠나 대개 49일 동안 허공에 머뭅니다. 이때 영혼을 중유(中有) 또는 중음신(中陰身)이라 합니다.

(인생의 단계를 셋으로 나누는데 죽기 전을 '본유(本有)'라 하고, 49일을 '중유(中有)'라 하고, 그 후에 다시 받는 생을 '생유(生有)'라고 합니다.)

이 중음신은 49일간,

① 내생을 상상하고 ② 의탁할 부모를 찾는다고 『지장경』과 『능엄경』에 나와 있습니다.

그런데 5·7·1에 담겨 있는 수를 찾아 본괘(本卦)를 만들고 도전, 착종, 배합, 호괘를 만들어 보면 49일간 중음신이 의탁할 부모를 찾고 내생을 상상한다는 이치가 나옵니다.

(4)

① 의탁할 부모란 5·7·1 중

(2) (6)

$2 \times 7 = 14$세의 어머니를 찾아가 장남 장녀가 될까를 상상함.

(* 여자는 $2 \times 7 = 14$세에 초경이 나오고 남자는 $2 \times 8 = 16$세에 아버지가 될 수 있다.)

$5 \times 7 = 35$세의 어머니를 찾아가 중남 중녀가 될까를 상상함.

$14 + 35 = 49$세의 어머니를 찾아가 막내가 될까를 상상함

② 49일은 $(7 \times 6 = 42) + (7 \times 1 = 7) = 49$일

③ 내생을 상상한다는 것은 5와 2를 작괘하면 풍택중부괘로 남녀가 진실한 바탕으로 사귀다 보면 혼인 말이 오가고, 5와 7을 작괘하면 풍산점괘로 결혼의 뜻이 생기고, 풍산점을 배합하면(4×2) 뇌택귀매가 되는데 때때로 속도위반도 하게 되고, 2와 7을 작괘하면 택산함괘인데 첫날밤 괘가 되고, 택산함을 도전하면 뇌풍항(4×5)이 되어 짝지어서 항구하게 살게 되고, 7과 2는 산택손괘로 첫날밤 후

꼭 10달 만에 아기가 태어나고, 6과 1을 작괘하면 수천수괘로 백일 잔치하고 아이를 젖먹이고 음식 먹여 기르고, 7과 6은 산수몽괘로 어린아이를 교육하게 되고, 5와 7은 풍천소축괘로 상하가 서로 협조해서 가정·국가·사회가 안정되고 경제적으로 저축하고 살게 되고, 7과 1을 작괘하면 산천대축괘로 학문과 경험을 쌓아 큰일을 하는 뜻이 되고, 1과 7을 작괘하면 천상둔괘로 대축으로 크게 이룬 것을 안으로 갈무리한다.

1과 5를 작괘하면 천풍구괘로 5월 하지 양이 치성하여 음이 시작하니 부부·가정·사회·국가가 너무 치우침을 경계하고, 7과 5는 산풍고괘로 벌레 먹을 고(蠱)를 파자해 보면 부귀공명을 누리고 살다 보니 탐·진·치 삼독의 벌레가 몸과 마음을 좀먹으니 정신을 혁신하기 위해 수련대회, 즉 신명행사(申命行事)를 하게 됩니다.

    (4)
5 · 7 · 1 안에서 10수를 찾아냅니다.
 (2) (6)
 (1, 2, 3, 4, 5, 6, 7, 8, 9, 10)

양수는 큰 수에서 작은 수로 빼기를 하고,

5-1=4, 7-5=2, 7-1=6, 5-2=3

음수는 서로 더하기를 하여 자기를 찾아갑니다.

2+6=8, 2+4=6, 6+4=10

양의 무한수 9는 스스로를 찾아간다고 보면 10수가 다 나오니 하도(55)·낙서(45)가 나오고 10무극, 5황극(=태극), 양의, 사상, 8괘, 64괘, 384효가 다 나옵니다.

『주역』의 64괘가 다 들어 있습니다.

명을 마친 후 다음 생을 받을 때까지 49일간의 중음신을 『주역』으로 설명함으로써 유·불이 회통되고 있습니다.

5 · 7 · 1

에 들어 있는 2·7(火), 1·6(水)는 김일부 선생의 『정역(正易)』 속의 이천칠지(二天七地) 화(火)와 수조남천(水潮南天)·수석북지(水汐北地)의 조수와 관계가 있을 것 같습니다.

사. 묘연만왕만래(妙衍萬往萬來)
衍(흐를 연)

묘연(妙衍)이란 의탁할 부모를 찾고 내생을 상상하던 영(靈, 8식)이 선·악·무기의 업을 따라간다는 뜻입니다.『법성게』에 "마음은 고집하는 바가 없어 인연을 따른다(不守自性隨緣成)"라고 하였습니다.

부자(附子)라는 한약재는 뜨겁게 먹으면 극약(사약)이 되며, 식혀 먹으면 보약이 되는데 약 자체에는 극약과 보약이 없듯, 우리가 어떻게 사느냐에 따라 다음 생이 결정됩니다.

전생의 업이 새 생명에 유전된 것을 놓고 "업보는 있으나 지은 자는 없다(有業報而 無作者)" 하는데, 마치 스마트폰을 새것으로 바꿀 때 저장된 정보를 그대로 새 폰에 옮기는 것과 같습니다. 새 폰은 통화나 문자 한 바가 없습니다. 새 생명도 금생에 지은 업이 없습니다. 나도 모른다 하여 부사의업(不思議業)이라 하며 깨달아서야 알 수 있습니다.

만왕만래(萬往萬來)는 업을 짓고 멸하지 않으면 대부분 생사윤회 한다는 말입니다. 이것은 12연기 중 유전연기(流轉緣起)입니다. (무명-행-식-명색-육입-촉-수-애-취-유-노사우비고뇌) 그러나 업을 소멸하면 윤회를 벗어난다는 것이 환멸연기(還滅緣起)입니다. (무명멸즉-행멸-식멸-명색멸-육입멸-촉멸-수멸-애멸-취멸-유멸-노사우비고뇌멸)

5조 홍인 대사가 6조 혜능 스님에게 밤에 전한 것이 12연기(유전·환멸)입니다.

유정래하종(有情來下種) = 유정(성욕 = 무명)이 윤회의 씨가 되어

인지과환생(因地果還生) = 돌고 돈다(만왕만래)

무정래무종(無情來無種) = 원인이 사라지면

무성역무생(無性亦無生) = 윤회할 일이 없다

환상의 굴레

인간의 욕망이 바로 그의 운명입니다.

왜냐하면 그 욕망이 바로 그의 의지이기 때문입니다.

그리고 그의 의지가 행위이며, 그의 행위가 곧 그가 받게 될 과보입니다. 그것이 좋은 것이든 나쁜 것이든 인간은 그의 집착하는 욕망에 따라 행동합니다. 죽은 다음에 그는 그가 행한 행위들의 미묘한 인상을 마음에 지니고서 다음 생으로 갑니다. 그리고 그의 행위들의 수확을 그곳에서 거둔 다음, 그는 그 행위의 세계로 다시 돌아옵니다. 이와 같은 욕망을 가진 자는 환생을 계속할 수밖에 없습니다.

(『티베트 사자의 서』)

아. 용변부동본(用變不動本)

오온(五蘊)이 고통의 원인인 줄 모르고 탐착하면 윤회하지만, 『반야심경』의 가르침대로 오온이 공한 줄 깨달아 집착하지 않으면 윤회를 벗어날 수 있습니다. (照見五蘊皆空 度一切苦厄)

은행 금고 문을 열 때 다이얼을 정한 대로 바르게 좌우로 돌려 맞추어 놓고 열쇠로 열면 자물쇠가 열립니다. 마찬가지로 탐욕의 본능을 양심의 본성 8정도(八正道)로 바꾸면(用變=修正), 그 자리가 상주불변, 부동본의 자성(自性) 자리로 생사를 해탈합니다.

4제법(고·집·멸·도)를 실천하면 윤회를 벗어납니다.

윤회의 고를 벗어나 열반락을 얻는 것이 불교의 목적입니다. (離苦得樂)

과거의 '칠불(七佛)'[2]의 가르침도 같은 내용입니다.

---

2. 비파시불, 시기불, 비사부불, 구류손불, 구나함모니불, 가섭불, 석가모니불

모든 악을 짓지 말고 (諸惡莫作)

선을 받들어 행하고 (衆善奉行)

그 뜻을 맑게 하라. (自淨其意)

이것이 불교다. (是諸佛敎)

이때 부동본은 불성이고 용변은 중생심입니다. 중생심이 변하여 지혜가 됩니다. (轉識成智)

그러므로 이통현 장자는 『신화엄경합론』 서문에서 "중생은 스스로 무명이 본시 부처임을 깨달으라"고 했습니다. (悟自無明本是佛)

용광로에 원광(原鑛)을 넣어 제련하면 잡석은 타고 정금(精金)만 남습니다. 이것을 『기신론』에서는 본각, 시각, 구경각으로 나누어 설명하고 있습니다.

지구 변화가 올 때 인류의 60~80%가 소멸되는 무상을 보고 생각이 변하여 탐욕의 불이 지혜가 되는 것을, 김일부 선생은 『정역』에서 금화교역 시대, 용화세월(미륵 세상)이라 했습니다.

자. 본심본태양앙명(本心本太陽昻明)

昻(밝을 양)

본래 마음은 본래 태양보다 밝다는 뜻입니다.

태양은 아무리 밝아도 반대편에는 그림자가 생기나, 마음의 지혜 광명은 밝으면 밝은 줄을 알고 어두우면 어두운 줄을 알아 그림자가 없어 마음이 태양보다 밝은 것입니다.

그리고 과학적으로 태양은 야마천(夜摩天) 이상을 비추지 못하나, 지혜 광명은 시공을 초월하기에 비추지 못하는 곳이 없습니다.

이 구절은 『천부경』 81자 중 핵심이 되는 구절로 『기신론』의 논법에 배대하면 구경각(究竟覺)이요, 광석에 비하면 제련을 거친 정금(精金)입니다.

개국의 목적이 깨달은 인격이 사는 광화세계(지정각 세계)이므로, 『천부경』은 전인격의 요소인 지혜의 완성과 복덕의 완성을 핵심으로 하고 있습니다. '본심본태양앙명'이 지혜의 완성이고 '광명이세(光明理世)'라고도 하며 '인중천지일'이 복덕의 완성이며 '홍익인간'이라고도 합니다.

교육기본법 제2조의 홍익인간 사상은 출처가 『천부경』입니다.

마음 광명과 태양 광명에 대하여

제가 800여 일 산에서 기도했는데 겨울 기도보다 봄·여름 기도를 많이 했습니다. 우기가 지나고 8월 말이나 9월 초쯤 되면 많은 지렁이가 땅에서 나와 태양을 바라보며 말라 죽는 것을 여러 번 보게 되었습니다.

그래서 역지사지로 지렁이 마음속에 들어가 보니 "내가 살려고 땅속에 있었지, 사실 나도 태양이 그리웠다"라는 것입니다.

그래서 매미를 보니 매미도 바로 누워 태양을 바라보고 죽고 있으며, 바닷속 조개는 아예 껍질 속에 무지개색 자개를 수놓고 살다 죽는 것입니다. 모든 생명이 태양을 향하고 사는 성품(向日性)을 갖고 사는데 그 정점에 사람이 있습니다.

만약 사람이 태양의 밝음만을 배웠다면 백수(百獸)의 왕은 되었을지는 몰라도 성인 또는 만물의 영장은 되지 못했을 것입니다.

태양보다 밝은 심광이 내면에 있음을 깨닫고 사람이 되었다고 생각합니다.

우리 민족이 역사적으로 밝음을 지향하여 '밝다'는 뜻의 환인 천황, 환웅 천황을 시조로 모시고, 밝은 나라 환국 고조선을 세워 영광의 역사를 누린 배달겨레가 되었으니, 앞으로도 "마음은 본래 태양보다 밝다"라는 『천부경』의 가르침을 깨달아 자살, 우울증 등을 면하고 조국 통일은 물론 전쟁이 없는 광화세계(光化世界, 깨달은 세계) 건설에 앞장서야 할 것입니다.

본심이 불성(佛性)이요, 문수지, 보광명지(普光明智), 일시무시일의 일, 일종무종일의 일을 갖추고 있기 때문에 중생은 누구나 성불할 수 있는 것입니다. 이것을 믿는 것이 믿음이며, 믿음이 성불의 어머니입니다.

차. 인중천지일(人中天地一)

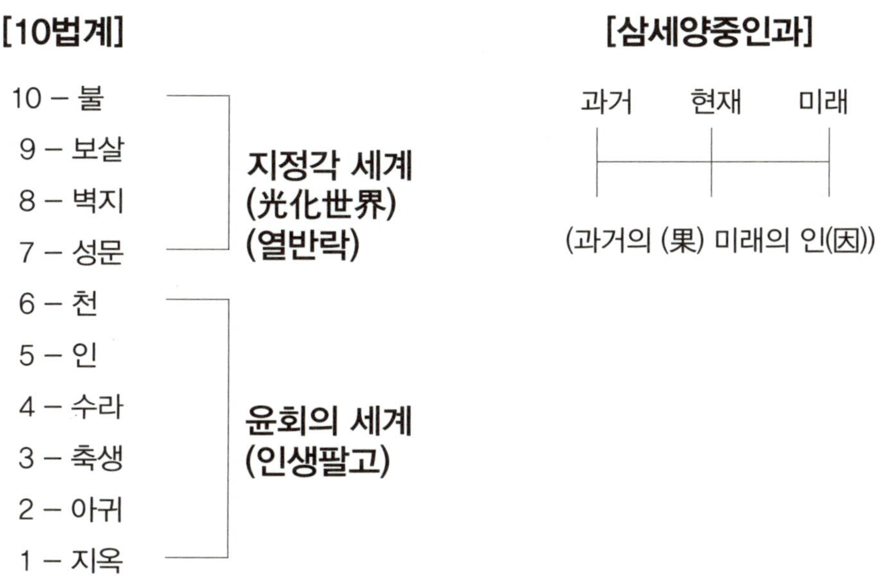

천지간에 사람이 제일 중요합니다.

인간은 많은 대가를 지불하고(삼악도에 떨어져 보기도
하고) 사람의 몸을 받았습니다. 인간에 이르러서야 비로소
생각한다는 것이 가능하게 되었습니다. 인간이 되어서야
사람으로 태어날 수 있고 성문, 벽지, 보살, 부처가 될 수
있습니다. 부처님은 이 세상에 태어나시자마자 "천상천하
유아독존"이라 하셨는데, 이것은 본체 면에서 일체중생이
누구나 부처가 될 수 있는 성품 즉 불성의 유일무이함을

말씀한 것이고, 현상 면에서는 각자 지문이 다르듯이 일체 중생은 타고난 성품이 다르니 차별을 인정하고 살 것을 천명한 것입니다. (大乘 平等思想)

자기 백일 사진을 지금 놓고 보면 같지도 않고(非一) 다르지도 않으나(非異) 나는 나인 것입니다. 작년에 거둔 콩을 금년에 심어 가을에 거두면 역시 똑같지도 다르지도 않으나 콩은 콩인 것입니다. 차별을 인정하는 것이 대승 평등사상입니다.

불교는 공간적으로 십법계(十法界)와 시간적으로 삼세양중인과(三世兩重因果) 위에 건립된 종교인데, 여기서 사람의 중요함을 강조하고 있습니다.

십법계란 중생의 인격을 10단계로 나누고, 지옥에서 천상까지 6도를 인생 8고가 있는 윤회중생으로, 성문에서 부처까지 4도를 윤회를 벗어나 열반락을 누리는 깨달은 성현으로 나누고 이고득락 할 것을 권합니다. 인생 대차대조표를 보여주는 것입니다. 삼세양중인과란 지금 여기 나는 과거의 결과요 미래의 인으로서의 나, 즉 삼세양중인과의 존재임을 자각하여 악은 짓지 말고 선을 행하라는 가르침입니다. 인생 손익계산서를 보여주신 것입니다.

10계 중 5번째가 사람인데 사람 몸을 받아서야 사람도 되고 천상에 날 수도 있고 성문, 벽지, 보살, 부처가 될 수 있습니다. 사람 몸을 받는 것은 천재일우의 기회임을 깨달아야 합니다. 만약 자살하면 지옥에 떨어질 뿐만 아니라, 영가 천도가 매우 힘듭니다. 많은 고통을 지불하고 다시 사람 몸을 받는다 해도 금생에 남은 생만을 살기 때문에 명이 짧습니다.

인중천지일에서 홍익인간 사상이 나왔고, 교육기본법 제2조가 되었습니다. 그런데 우리나라 교육 목적이 지혜와 복덕의 완성인 전인교육(全人敎育)인데, 홍익인간 사상(복덕의 완성)만 들어가 있고 광명이세 사상인 지혜의 완성이 빠져 있습니다. 이에 대한 보완이 필요합니다.

카. 일종무종일(一終無終一)

　마음은 시공을 초월하기에 시간적으로 공간적으로 시종이 없다는 것입니다. 우리 생명은 무시무종이요, 불생불멸입니다.

　이것을 중도(中道)라고도 합니다. 지·수·화·풍 4대가 모여 된 것을 '생(生)'이라 하나 어디까지나 가유(假有)요, 흩어진 것을 '죽음'이라 하나 어디까지나 진공으로 돌아간 것입니다. 수행의 힘이 없는 중생은 인연이 되어야, 수행의 힘이 있는 성인은 언제든지 그 진공에서 묘유가 되어 나옵니다(다시 생을 받음). 육신도 불생불멸 합니다.

　『지월록(指月錄)』에는 이런 말이 있습니다.

　문수가 암제차녀에게 물었다.
　"삶에는 무슨 뜻이 있는가요?"
　암제차녀가 말했다.
　"삶은 불생생(生而不生, 낳긴 낳았는데 낳지 않았다)으로 뜻을 삼아야 합니다.”

문수가 물었다.

“죽음에는 무슨 뜻이 있는가요?”

암제차녀가 말했다.

“죽음은 불사사(死而不死, 죽긴 죽었는데 죽지 않았다)로 그 뜻을 삼아야 합니다.”

『법화경』은 “상주불멸(常住不滅) 한다”라고 했고, 공자님은 이 도리를 “아침에 알면 저녁에 죽어도 좋다”라고 했습니다(朝聞道 夕死 可矣).

변산반도 내소사 부도밭의 해안범부(海眼凡夫) 탑비명(塔碑銘)을 탄허 스님은 이렇게 쓰셨습니다.

어시생사(於是生死) 여기에 생사가 있네 (육신을 두고)

시무생사(是無生死) (그) 생사가 없네 (마음을 두고)

『**천부경**』 81자를 『**기신론**』 논법으로 요약하면 간단명료합니다.

즉,

일시무시일(一始無始一)
일종무종일(一終無終一)
석삼극 무진본(析三極 無盡本)

  을 본각(本覺),
  비유는
  원광(原鑛)-법신(法身)

천일일 지일이 인일삼(天一一 地一二 人一三)
일적십거 무궤화삼(一積十鉅無匱化三)
천이삼 지이삼 인이삼(天二三 地二三 人二三)
대삼합 육생 칠팔구(大三合六生七八九)
운삼사 성환 오칠일(運三四成環五七一)
묘연 만왕만래 용변부동본(妙衍萬往萬來
用變不動本)

  은 시각(始覺)
  비유는
  채광(採鑛)
  또는
  제련(製鍊)
  -보신(報身)

본심 본태양앙명(本心本太陽昻明)

인중천지일(人中天地一)

은 구경각(究竟覺),
비유는 정금(精金)
─화신(化身)

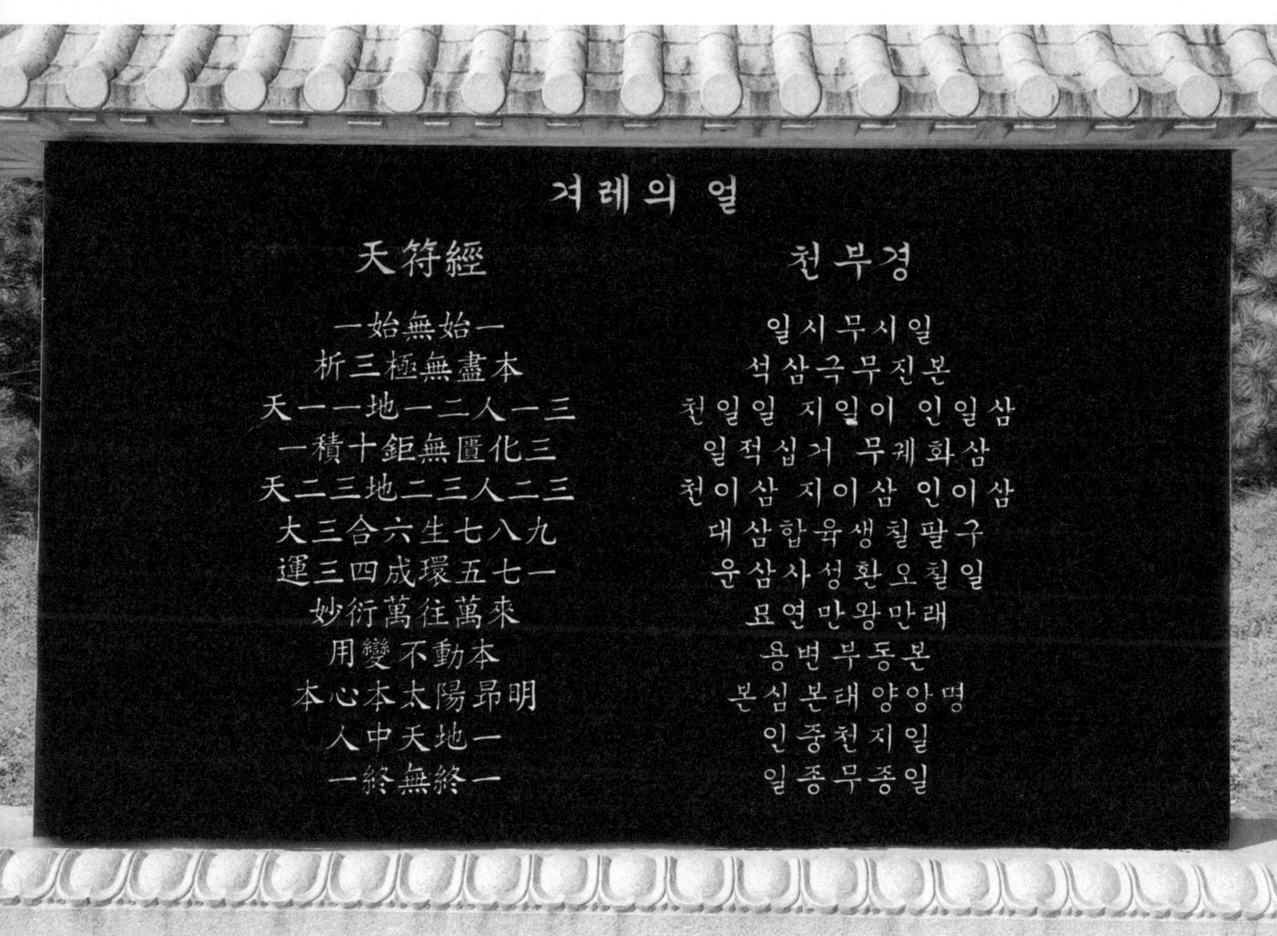

천부경

천부인

타. 천부인(天符印)

　환웅 천황께서 도리천(33천)에 계시다가 인간 몸을 받아 오실 때 가지고 오셨다는 천부인(검·북·거울)은 천부경이 81자 글(書)로써 개국 개천 사상을 말했다면 천부인은 그림(圖)으로 천부경의 뜻을 표시하고 있습니다.

　다시 말하여 복희씨와 문왕이 하도(河圖) 낙서(洛書)로 주역을 세상에 알리듯이 우리 조상님들도 도서(圖書)로서 중생을 교화하신 것입니다.

　천부인은 깨달은 마음(반야지혜)으로 세상을 보고 천지가 내 마음 안에 있음과 우주의 주인이 육신이 아니고 마음임을 깨닫고 원리전도몽상(遠離轉倒夢想) 생사해탈(生死解脫)을 각, 방, 원(角方圓)으로 그린 것입니다. 만약 반대로 육신을 주인으로 보고 원방각을 그리면 도(道)가 아니고 생사 해탈할 수 없습니다.

또 개국목적이 전인격(全人格)이 사는 광화세계(光化世界)이므로 전인격 요소로서 검(劍)은 지혜를, 북은 복덕을, 거울은 불성을 상징한다 할 수 있습니다.

부처님은 전인격을 갖추셨다 하여 양족존(兩足尊)이라 부릅니다.

몽고반점을 가진 우리 민족의 세보

6. 천부경찬(天符經讚)

한 생각 일어나면 천차만별이 (多)

한 생각 쉬어주니 아무 일 없네 (一)

원효 스님 토굴에서 생(生), 멸(滅) 잊었고

나비 꿈 장주(莊周)는 양망(兩忘) 얻었네

때때로 주(主), 객(客)은 한길에 만나

마주 보고 빙그레 웃음 나누네

정명(淨名, 유마 거사)의 침묵이 오랜 후에야

진공(眞空)에서 묘유(妙有)가 나오는 줄을

오로지 일심(一心)만이 알고 있어서

목숨 들어 심원(心源)에 귀의한다네

생명의 실상은 시종(始終) 없나니

마땅히 머무는 바 없는 마음 내어야

대승(大乘)의 큰 수레에 탈 수 있도다

들어라

누구나 태양보다 밝은 마음 지녔느니라

불멸의 근원에서 함께 왔으니

천지는 동근이요

만물은 동체라

크게 사랑할 마음을 내어

지(智), 복(福)의 탑(塔) 높이 쌓아라

이것이 살아서 행복하고

후생(後生), 선처(善處)하는 길

옛날 옛적

시월상달

초사흘 날에

아사달 단수(檀樹) 아래

국기 꽂으시고(△)

민족의 연원(淵源) 33천에

33번 종을 울려 국태민안 고하신 후

성인 중의 성인이신

우리 단황(檀皇) 님

지혜와 광명으로 무명 밝히고

무량중생 복(福)으로 제도하리라

'밝다'는 뜻

조선(朝鮮) 나라 세우셨다네

배달겨레 무궁토록 태평하라고

8곤지 할머니 먹 갈고

1건천 할아버지 쓰시어 (䷊ 지천태)

겨레의 얼

천부경(天符經) 81자를

두 분이 사랑으로 지으셨다네

겨레여!! 길이 빛내자

겨레여!! 길이 빛내자

신묘년 설날 / 단기 4344년(2011년)

7. 『천부경』이 내려온 과정

1. 9,000년 전 환국 시대부터 입으로 전해 내려옴(구전,
   『환단고기』).

2. 고로 환인, 환웅, 단황 왕검 중 누가 쓰셨는가는 확실
   치 않으나, 환인은 제석천주(도리천 33천주)이시고,
   환웅은 도리천에서 내려와 인간 몸을 받으시고 100일
   기도를 잘 마친 웅씨족의 따님과 결혼하여 단황 왕검
   을 낳으시고, 그 왕검이 나라를 세우시고 조선의 시조
   가 되어 유일불승, 천지동근, 만물동체의 『천부경』 사
   상으로 나라를 다스렸기 때문에 겨레의 얼, '단황 천
   부경'이라고 하는 것입니다.

3. 환웅이 글자를 만들고 가르치는 선관(仙官) 신지(神誌)에게 명하여 녹도문(사슴 발자국을 본떠 만든 글자)으로 비석에 새겨놓은 것을,

4. 신라 고운 최치원 선생이 녹도문을 한문으로 옮겨 묘향산 석벽에 새겨놓은 것을,

5. 약초 캐던 계연수(~1921)라는 분이 암벽에서 탁본하여,

6. 단황 교단에 서신과 함께 보내면서,

7. 당시 단황 교단 책임자이신 전병훈 님이 세상에 유포하여 오늘에 이름.

8. 단상(斷想)

가. 수행과 체험

삼라만상은 공(空)에 이르러 다하고, 백천중류는 바다에 이르러 다하고, 수행자는 도를 얻어야 다하기에 산은 덕(德)야라 시만물 종만물(始萬物終萬物)로 뭇 생명을 품으며, 또 산은 지(止)야라 번뇌 망상을 쉬기가 좋아 기왕이면 명산의 명당을 찾아 800여 일을 기도하였습니다.

기도 중에 체험한 바를 소개합니다.

① 토굴 만들기

기도 터가 정해지면 땅을 고르고, 바닥에 비닐과 두꺼운 스티로폼을 깔아 습기가 올라오지 못하게 하고, 물푸레나무 작은 것은 두 개를 하나로 묶고 큰 것은 그대로 U자를 거꾸로 휘어 땅에 박고, 그 위에 보온덮개, 비닐, 다시 보온덮개를 씌워 비바람을 막고, 다른 벌레들이 들어오지 못하게 손질하고 문을 만들어 달면 토굴이 됩니다. 그 후에 돌아보니 아무리 여름이라도 구들을 넣고 밤에 불을 때어 따뜻하게 지내면 건강에 매우 좋은 것을 알았습니다. 권장합니다.

② 선식과 기도

기도 선배들의 권유에 따라 멥쌀, 찹쌀, 현미 멥쌀, 현미 찹쌀, 검은콩, 들깨 각 2되, 하지감자, 당근 2kg을 솥에 넣어 찐 후 말려서, 시장 분쇄 가게에 가서 백삼 10kg과 함께 가루로 만들고 죽염으로 간을 하여, 하루 큰 스푼으로 3~5스푼 먹으면 소화가 잘되고 결가부좌도 잘되고 머리는 가을 하늘같이 맑고 비만이 해결되어 몸이 날아갈 것 같이 가벼워집니다. 매일 한 시간 이상 산행을 했습니다. 기도는 『법화경』 전 품을 읽고(6시간 30분~40분 소요), 나머지는 참선했습니다.

③ 불교와 산신과의 관계

우리나라는 방향이 동남향 간방이고 국토의 70%가 산이므로 산과 산신에 의지하여 살아왔습니다. 그러므로 산신신앙은 우리 민족 신앙입니다. 그 후 불교가 들어와 이를 수용하고 각 사찰마다 높은 곳에 산왕을 모시고 함께 불법을 수호하고 있습니다. 산신과 부처님의 관계는 이장과 왕의 정도가 된다 할 것입니다. 왕이 민정을 살피러 나왔다가 날이 저물어 이장 집에서 자게 되면 이장은 안방을 주겠지만 그 집주인은 이장이듯, 부처님도 산중에 사찰을 짓고 중생을 교화하시나 어디까지나 산 주인은 산신입니다. 산신은 정신이므로 불법을 옹호하고 바른 사람이 바른 목적을 가지고 바르게 노력하면 반드시 돕는 것을 알았습니다.

산신각 신중탱화

㉠ **설악산 백일기도 중의 일** – 설악산에서 백일기도를 하는데 하루는 무당이 작은 시루떡을 해가지고 와서 "어떤 분이 기도하길래 산신이 떡을 해다 주라고 하여 가져왔다" 말하기에 두 번이나 주워 먹은 일이 있습니다.

㉡ **인연 있는 한의사와의 만남** – 초여름 등산객이 산나물을 뜯어 가다가 저를 보고 주면서 삶아서 물에 담갔다가 먹으라고 하기에 그대로 했습니다. 그런데 독초가 섞였는지 새벽에 창자가 끊어지는 듯 아프고 식은땀이 나며 죽을 것만 같았습니다. 부처님께 "제가 불법이 좋아 기도하다가 죽을 것만 같습니다" 하고 항의하고 있는데, 밖에서 인기척이 났습니다. 문을 열어보니 구포에 사시는 명한의원 정(鄭) 원장님(당시 73세)이 약을 지어 가지고 와서 "당신 아프지 않으냐" 하시며 약을 달여 주셔서 나은 일이 있습니

다. 그분은 정기적으로 산기도를 하시는 분인데, 내일 아침 떠나려 하다가 일정을 당겨서 오셨다 했습니다. 생전에 자주 찾아뵈었습니다.

ⓒ **재약산 진불암의 산신** – 정 선생님이 소개해주신 밀양 표충사 뒷산 재약산 진불암에서 백일기도 회향하던 날, 젊은 청년의 모습을 한 산신이 나타나 환하게 웃으며 저를 안아주었습니다. "새벽에 눈이 많이 올 터인데 제가 도와드리겠습니다" 하고는 제 이불 짐을 지고 내려가 택시를 잡아주는 것을 보았는데, 그날 주지 스님이 역까지 데려다주셨습니다.

ⓒ **지리산(智異山)의 신령함** – 지리산에서 기도할 때 토굴을 짓고 첫날밤에 '왜 산 이름이 지리산(地理山)이 아니고 지이산(智異山)일까?' 하고 자는데, 산신이 나타나 "이 산은 골골마다 신(神)이 다르다" 하는 것을 들었습니다. 산신도 항차 제가 무슨 생각을 하는지 아는데 불보살은 얼마나 잘 알겠습니까? 양심

을 속이면 안 된다는 것을 깨달았습니다. 그 후에 조상신도 후생을 받기 전까지 저를 지켜본다는 것을 알았습니다.

ⓜ **학가산의 가미(加味)** – 안동 학가산에서 밤 12시 기도하다가 잠깐 졸았는데, 하얀 노인이 나타나 정수리에 물을 한 양동이 부어 준 후 기억력이 좋아졌고, 아직까지 모기가 물지 않습니다.

ⓗ **각근사 산신각의 방향** – 산신각 방향을 대웅전 방향인 자좌오향(子坐午向, 정남북향)으로 지으려 하니, 산신이 나타나 "그렇게 하시면 대웅전 부처님보다 높은 곳에 앉아 예배를 받게 되니 임좌손향(壬坐巽向, 동남향)으로 바꾸어 달라" 하여 그렇게 지었습니다.

ⓢ **금정산의 빛** – 부산 금정산에서 백일기도 할 때는 자정에 관세음품을 독송하면 하늘에서 빛이 쏟아져

내리는 것을 보고 성지 거사가 두 번이나 찾아와 "여기 사람 있네" 하며 신기해한 일이 있고, 지금까지 우리 절에 다니고 있습니다.

◎ **길을 내어준 예산관** – 2002년 4월부터 사찰에 필요한 땅을 구입하면서 하루 7시간씩 기도하는데, 동네에서 사찰까지 약 2km의 길이 좁아 경운기만 다닐 정도였습니다. 그런데 하루는 경상북도 임도 담당 예산관이 "새벽 꿈에 하얀 노인이 나타나 각근사 길을 내어주라는 지시를 받았다"라며, 잠이 안 와 일찍 찾아왔다 했습니다. 그 후 5억 7천만 원이 배정되어 절과 이웃 동네까지 길이 생겼습니다. (음력 7월 7일 생신을 기억하며 고마움을 잊지 않고 있습니다.)

㉜ **한라산과 백두산의 합토(合土)** – 우리나라의 화두는 남북통일이기에 백일기도 후 한라산 흙과 백두산 흙을 합토하여 재를 지내고자 2019년 8월, 4시간을 걸어 한라산 정상에 올랐습니다. 안개가 앞

을 가려 백록담을 볼 수 없었으나, 일행과 함께「산왕경」,『천부경』,『반야심경』을 외우니 삽시간에 회오리 바람이 불며 안개가 걷히는 체험을 했습니다. 코로나로 지체되었으나 2026년 6월에 반드시 실천할 계획입니다.

④ 마귀 체험

설악산 기도 중 밤에 참선을 하는데, 하루는 키가 크고 하얀 머리에 쪽을 찌고 입술에 빨간 립스틱을 바른 여자 마(魔)가 문을 밀고 들어왔습니다. 나도 모르게 합장하며 "나무관세음보살" 하니 저를 쳐다보지도 못하고 입에서 거품을 내며 쓰러졌습니다. "여기는 나의 관할인데 왜 당신이 와서 정법을 펴느냐"라며 불만스러워하는 것을 보았습니다.『법화경』「관세음보살보문품」에 "일심칭명 '관세음보살' 하면 악귀들이 눈으로 보지도 못하겠거든 하물며 해할 수 있으랴"라는 구절을 증명해 주는 체험이었습니다.

⑤ 귀신 체험

　마(魔)의 체험이 있은 며칠 후, 20여 명의 산귀신이 나타나 저를 시험하려 할 때 "나무관세음보살"을 칭명하니 귀신 대장이 무릎을 꿇고 비는 체험을 했습니다. 그 후부터는 무서움이 없어져 공동묘지나 상여집에서도 잘 수 있게 되었습니다.

⑥ 단황(군) 왕검 친견

　2016년 평화통일 염원 '천부경 탑(천부경·천부인 탑, 몽고반점을 갖고 태어난 우리 민족의 세보)'을 세우고, 10월 3일 회향을 목표로 『천부경』 일일 천 독(千讀), 200일 20만 독을 하니 단황왕검이 나타나 '겨레의 얼 천부경'을 한글로 쓰시는 것을 보았습니다. 그때 사방에서 많은 제비 떼가 모여와 앉았다 날아갔습니다. 이 터는 기도가 이루어졌다는 증거입니다. 이때 박근혜 대통령이 잘못될 것을 알았고, 그 후 좋은 대통령이 나오라고 279일을 기도했는데 윤 대통령의 생명선 손금이 반만 보이는 것을 보고 가슴이 철렁했습니다.

⑦ **부처님 가피**

㉠ **자 · 비 · 희(慈悲喜)의 깨달음** – 지리산기도 180
일 중 70여 일 지났을 때 결가부좌 자세로 참선에
들어가니 손발이 따뜻해지고 머리는 시원해지고 정
수리, 미간, 목, 가슴, 단전, 성기, 회음부로 차크라
가 열리면서 기쁨이 샘물처럼 솟아나고 새들이 주렁
주렁 내 몸에 앉고 향기가 가득 차는 체험을 했습니
다. 이때 이 기쁨이 일시적일까, 항구할까 하고 다시
선정에 들어보니 내 나이를 거꾸로 세어 한 살에 이
르고 다시 열 달을 명상하니 내 생명은 아버지 사랑
(慈), 어머니 사랑(悲), 그리고 나의 영(靈)의 기쁨(喜)
즉 자 · 비 · 희가 모여 된 것을 알았습니다.

그 후부터는 혼자 있어도 더불어 있어도 즐거워 빙그
레 웃고 삽니다.

이를 악물고 살지 않아도 되는 원리를 알았습니다.

이 수행법을 세상에 알리면 우리 사회에 만연하고 있
는 세계 제1의 자살률, 우울증, 음주율, 40대 사망률
등 사회병을 치유할 수 있다는 생각이 들어 지금까지

열심히 전하고 있습니다.

ⓛ **천부경 자득** － 『법화경』만 읽고 기도하는데 『천부경』81자가 영화필름처럼 떠오르면서 한 자 한자 자득되었습니다. 혹시 독단인가 하여 성인의 말씀에 비추어보니 거의 맞는 것이었습니다.

ⓒ **각근사 터의 점지** － 대구 팔공산 기도 100일 중 70여 일 지났을 때, 꿈에 부처님과 약왕보살님이 나타나 지금의 각근사 터를 영화필름처럼 보여주시는데 어딜까 궁금하던 중이었습니다. 어릴 때 이곳 불당골에 살다가 대구에 사시는 안 보살님이 기도처를 찾아와 "부처님 심부름 왔다"라고 하시며 안내해 주겠다 하시는데, 아직 기도가 한 달 남아서 "백일 회향하는 날 와주십사" 하니 회향 과일을 준비해 가지고 오셨습니다. 회향을 마치고 따라와 보니 꿈에 보여준 터 그대로였습니다. (2001년) 부처님 가피로 5,000여 평을 확보하여 가람을 조성했습니다. 이 터에서

20여 년 살아보니 바람 불어도, 비가 와도, 가물어도, 불이 나도 탈이 없는 좋은 터입니다. 속리산 문장대에서 발원하여 낙동강이 감아 돌아 소위 풍수지리 전문용어로 산진수회(山盡水廻)한 명당 터입니다.

ㄹ **팔용왕 체험** – 2005년 경내에 있는 우물 수질이 좋아서 해마다 단오 기도를 하는데, 팔용왕을 칭명하면서 삼칠일(21일) 기도를 하는 중 하늘에서 팔용왕(난타용왕, 발난타용왕, 사가라용왕, 화수길용왕, 덕차가용왕, 마나사용왕, 아나바달다용왕, 우발라용왕)이 춤을 추며 내려오는 것을 저를 비롯하여 세현 총무, 신도회장(향년 보살), 명화 보살 등 여러 사람이 보았습니다. 팔용왕이 실재한다는 것을 확신합니다.

⑧ **기도체험 결론** – 이 세상은 보이는 세계와 시공을 초월한 보이지 않는 세계로 이루어졌으며, 양심을 따라 바른 목표를 갖고 바르게 노력하고 살면 보이지 않는 세계의 도움을 받는다는 것을 확실히 알게 되었습니다.

🏵 **나.** 삼교 성인의 지향점(三敎聖人指向点)

『천부경』에서 발원(發源)한 유·불·선 삼도(三道)는 시대적·종교적 사명을 띠고 장강대하(長江大河)의 물이 되어 2,500여 년간 깨달음의 바다(眞如海)를 향해 도도히 흘러왔습니다.

그동안 3차 산업까지는 '아는 것이 힘'이 되어 다다익선(多多益善)의 지식이 인류 문명을 주도했다면, 이사무애(理事無礙)·사사무애(事事無礙)의 4차 산업(AI 시대)은 지혜가 주도할 것인바, 삼교 성인의 인격과 지혜를 취사선택하여 오늘에 맞게 활용하면 유익할 것입니다. 그분들이 이룬 과위(果位)와 지향점, 그리고 수행 방법을 요약하여 알아봅니다.

먼저 유교를 대표하는 공자님의 가르침을 요약합니다

제자들이 『논어』에서 스승의 일생을 소개하기를, 15세에 학문에 뜻을 두고, 30세에 발심(立志)하고, 40세에 유혹되지 않고, 50세에 생명의 본질을 깨닫고 즐거워했으며, 60세에 감각과 감정에 휘둘리지 않고, 70세에 마음의 자재를 얻었다(心得自在) 했습니다. 이 인격을 이루기까지 배우기를 좋아하고 남 가르치기를 싫어하지 않으며, 모르는 것이 있으면 아랫사람에게 묻기를 부끄러워하지 않는 하학상달 (下學上達)의 호학 정신과 가죽끈이 세 번 끊어지도록 공부하여 『주역』을 통달하고야 만 끈질긴 정진력이 뒷받침하고 있습니다.

『중용(中庸)』에서는 불성(佛性)의 이명(異名) 중(中)과 육도만행의 총목 화(和)를 깨닫고 치중화(致中和) 하면 천지가 제자리에 서고 만물이 자라남을 알았습니다. (致中和 天地位焉 萬物育焉)

『대학(大學)』에서는 부처님과 맹자가 말한 일체중생은 누구나 부처가 될 수 있는 명덕(明德)을 밝히고 자비를 실천하면 지선(至善)이 되어 내성성덕(內聖成德)을 이룰 수 있다 했습니다. (一切衆生悉有佛性 人皆可以為堯舜 明明德 親民 止於至善)

『시경』에서는 생각에 삿됨이 없는 사무사(思無邪)로 사념 청정(捨念淸淨)을 말했고, 『서경(書經)』에서는 마음을 오로지 하나로 집중하여 과불급이 없는 중(中)을 지켜 세상을 다스릴 것을 말씀하셨습니다. (精一執中)

공자님의 가르침을 일이관지(一以貫之)하여 보면 내성성덕(內聖成德, 지혜와 복덕의 완성)입니다. 가르침을 모아 보면 분명해집니다.

『논어』의 극기복례, 『중용』의 치중화, 『대학』의 3강령(명명덕·친민·지어지선), 『시경』의 사무사, 『서경』의 정일집중, 『주역』의 고명배천·덕후배지·유구무강(高明配天·德厚配地·悠久無疆), 증자의 충서(忠恕)도 같은 뜻입니다. 다른 성인도 표현만 다르지 같습니다.

공자님은 다음과 같은 체험을 하셨습니다.

자세를 바로 하고 생각과 번뇌를 쉬어 정신을 통일하면 소우주와 대우주의 기운이 상왕래하여 모공(黃中通理)이 열리고 기쁨이 솟아나고 근심 걱정이 없어지는 체험을 하셨습니다.

 (正位居體 黃中通理(중지곤괘), 易曰 无思也 无爲也 寂然不動 感而遂通 天下之故(계사상 10장), 樂天知命故不憂(계사상 4절))

 공자님은 "생명의 본질을 깨달으니 즐겁고 그래서 근심이 없다"라는 경지에 이르셨으니 대보살의 화신이라 할 것입니다.

 그러나 유교는 사방에 오랑캐(남=만, 동=이, 서=융, 북=적)를 두고 낙양 중심, 한족 중심의 천하평(天下平)을 말했으니 대승 평등사상에 미치지 못하고, 귀신과 사후를 말씀하지 않으셨고 하늘에 28천(二十八天)이 있는 것과 천인(天人)의 존재를 몰랐으며, 부처님같이 귀왕들과 염라대왕이 찾아와 진리를 묻고 부처님의 법을 받들겠다는 약속도 조복(調伏)도 없고, 옛날 과거시험 때나 지금 수능 시험 때 단 한 사람도 공자님 사당인 향교에 가서 기도하는 사람이 없는 것과 해방 후 80년이 지나 인구가 증가했는데도 향교가 늘어나지 않은 것으로 보아 종교가 되기에 부족합니다.

각 지방자치단체가 향교 관리를 하지 않았다면 벌써 폐허가 되었을 것입니다. 유자(儒者)들은 과거시험용으로 유학을 공부했기 때문에 믿음이 없고, 학자가 아니고는 이해도 부족하고 성인이 될 수행이 없기 때문에 본래는 실학(實學)이었는데 공리공담을 대변하게 되었습니다.

왕들이 삼강오륜을 들고 정치해 보니 정치하기가 쉬워 정치권력과 유학은 공생(共生)해 온 것입니다.

세조가 단종의 왕위를 찬탈하면서 이조의 왕도정치는 허리가 부러졌으며 이상(理想) 소설이 되고 말았습니다. 제 경험으로 공맹의 선진 유교는 사람의 길을 밝혔기 때문에 배울 것이 있었으나, 송대 이후의 성리학은 법집(法執)에 걸려 배울 것이 없었습니다.

왕양명이 道를 깨닫고 꽃이 피고 지는 것을 꽃은 모르고(理) 마음이 알기 때문에(心) 마음과 이치(理)가 둘이 아니요 (心卽理)

심물일원(心物一元) 물아일체를 주장한 데 대하여 이를

받아들이지 못하고 오히려 이단시한 조선 성리학은 일심이 만법의 근원이요 우주정신임을 모르고 마음을 태극의 리(理)의 하나로 보고 (性卽理) 마음 밖에서 인식의 주체를 따로 찾으며(天命) 심물이원론(心物二元論)을 고집하니 학문은 내실의 위기지학(爲己之學)보다 허례허식의 위인지학(爲人之學)으로 흐르게 되고 사색 당쟁은 심화되고 양반, 상놈, 적서, 남녀 차별이 당연시되고 주자 갓에 증자 상투로 의식이 꽁꽁 묶여 나라가 망하고 말았습니다.

성리학의 대표자 주자는 『근사록』 등 자기 저서에는 "다른 성인은 이단이니 제자들에게 배우지 말라" 해놓고 정작 자기 문집에는 빼었습니다. (명문당 간행, 성원경 지음, 『근사록』 538P)

그리고 늦게 메모 형식으로 남긴 『주자만록』에 "내가 눈이 먼 것은 성인들을 너무 폄하하고 매도하고 이단시했기 때문"이라고 양심 고백했습니다.

공자님은 정명주의(正名主義)(왕은 왕답고 신하는 신하

답고 아비는 아비답고 자식은 자식답고)와 내성외왕(內聖外王)의 왕도정치를 하고자 13년간 72제후를 찾아다녔으나 왕들을 설득하지 못하고 고향에 돌아와 제자를 가르쳐 성인이 되셨습니다. 차선(次善)도 선(善)임이 증명되었습니다. 주유천하를 할 때 신선도를 하는 은자(隱者)들이 "상 갓집 개냐, 왜 그렇게 찔찔거리고 다니느냐"라고 야유했으나 아랑곳하지 않고 값 줄 사람을 찾아다닌 용기와 불퇴전의 의지를 후학은 배워야 한다고 생각합니다. 최선을 다했기에 후회가 없고 후회가 없기에 제자 가르침에 전심전력할 수 있었던 것입니다.

노자를 요약합니다

노자는 『도덕경』에서 8식을 깨달아 대지혜(대원경지)로 세상을 이롭게 하고자 『도덕경』을 남긴다 하고, 세간과 출세간(본체와 현상)의 관계를 "사람은 땅을 본받고 땅은 하늘을, 하늘은 도를, 도는 자연을 본받는다" 했습니다. (人法地 地法天 天法道 道法自然)

그 도(道)와 자연을 찾아 나선 것이 노자입니다.

그 도는 있는 것도 아니고(非有) 없는 것도 아니고(非無) 말할 수도 이름 붙일 수도 없고 생각과 분별로 알 수 없으나 만물이 이로부터 나온다 했습니다. (道可道 非常道 名可名 非常名 衆妙之門, 非思量分別之所能解)

그 도가 자연인데 8식을 말합니다. [3]

비유하면 8식은 나무의 뿌리와 같고 7식은 나무의 줄기와 같고 6식은 가지와 같고 5식은 작은 가지와 같다 하겠습니다.

8식을 깨달으면 대원경지가 되어 부처가 되지만 깨닫지 못하면 윤회의 씨가 되어 사후 49일 동안 중음신(中陰身)으로 공중에 떠 있다가 내생에 의탁할 부모를 찾고 내생을 상상합니다.

---

3. 전 5식(안·이·비·설·신)은 분별, 판단하지 않고 있는 그대로 지각하는 능력(견문각지).
6식(의)을 분별식이라고 하며 업을 조성함.
7식은 말나식이라고도 하며 자기를 중심으로 5식, 6식을 사량함.
8식은 아뢰야식, 무몰식, 종자식, 함장식이라고도 하며 앞에 5, 6, 7식을 다 저장하여 다음 생에 윤회의 씨가 됨. 이를 깨달으면 대원경지가 되어 대각을 얻고 윤회를 벗어납니다.

노자는 그 8식을 "묘하고 묘하도다, 그윽하고 그윽하도다, 그 가운데 알맹이가 있으며 그 알맹이는 참되다(1장, 21장)"라고 말했습니다. 『천부경』은 마음 자체는 태양보다 밝다 했고, 부처님은 『화엄경』에서 마음 자체는 깨달음이며 대지혜 광명으로 비로자나불(광명변조), 보광명지라고도 했는데, 노자는 그 밝은 해는 보지 못하고 먼 동의 여광(餘光)만 보았다 할 것입니다. 스승 없이 독각(獨覺)의 경지를 개척한 것입니다. 앞으로 대각의 경지가 남아 있습니다.

모든 수행인이 위없는 보리(깨달음)를 이루지 못하는 것은 두 가지 근본을 모르기 때문입니다.

그 하나는 시작을 알 수 없는 근본인데, 하늘의 구름은 구름일 뿐 하늘이 아니듯 사람의 생각은 생각일 뿐 마음이 아닌데 생각(반연심)을 마음(自性)으로 오인하고 수행하기 때문이고(예 : 자존심을 건드리면 벌컥 화를 냄), 또 하나는 자성이 만물을 생하기도 하고 멸하기도 한다는 것 즉 일체유심조를 모르고 수행하기 때문입니다.

노자는 본체를 무로 보고(常無), 현상을 유로 보니(常有) 유무는 뿌리는 같고 나와서 이름이 달라졌음을 알았습니다. (同出而異名)

『반야심경』의 색불이공, 공불이색, 색즉시공, 공즉시색과 같은 것입니다. 오래 살던 주나라가 망하자 속세를 떠나려고 관(關) 땅에 이르렀을 때 관의 수령 윤희(尹喜)가 저술을 남길 것을 간청하니 도와 덕에 대하여 5천여 자를 남겨두고 사라졌습니다. 망세(忘世)한 것입니다. 도가 내성이고 덕이 성덕입니다. 하늘에 태어날 자격을 말한 것입니다.

장자를 요약합니다

그물코를 들고 그물을 당기면 수월하듯이, 『장자』「내칠편(內七篇)」의 종지를 들고 보면 장자는 「소요유」의 무기(無己)에서 출발하여 「응제왕」까지 내성외왕(內聖外王)의 길을 소개하고 있음을 한눈에 알 수 있습니다.

「소요유」의 무기(無己), 「제물론」의 물아양망(物我兩忘), 「양생주」의 연독(緣督), 「인간세」의 심재(心齋), 「덕충부」의

망형(忘形), 「대종사」의 좌망(坐忘), 「응제왕」의 혼돈(渾沌)을 요약하면 지인무기(至人無己)·성인무명(聖人無名)·신인무공(神人無功)이며, 이를 다시 세 단어로 줄이면 아공(我空)·법공(法空)·구공(俱空)입니다.

　장자는 중생의 고통의 원인이 탐욕과 아집임을 알고 이를 쳐부수고자 종횡무진으로 우언(寓言), 기언(奇言), 비유를 들어 중생을 교화했습니다. 무유지향(無有之鄕)에 노닐기를 원했으니 망세(忘世)한 것입니다. 공자의 뒤를 맹자가 이었다면 노자의 뒤를 장자가 이었다고 할 수 있습니다. 중생의 근기에 따라 나를 변화할 수 있는 능력(物化)을 갖춘 것으로 보아 보살의 화신이라 할 수 있습니다.

불교를 요약합니다

　부처님은 왕자이실 때 시종을 따라 사대문에 나아가 생로병사를 보고 그 의심을 풀고자 30세까지는 왕자로서 당시 인도 사회의 모든 학문을 다 배우고 익혔으며, 그 후 출가 수도하여 8식을 바꾸어 대원경지를 이루시고 부처님이 되셨습니다.

　대각의 내용은 새벽별을 보시고 저 별과 내가 둘이 아니라는 대승을 깨달으신 것입니다. 천지에 이름을 붙이고 떼보니 마음만 남는 것을 아시고, 우주 삼라만상은 창조주가 없고 인연생, 인연멸 하는 연기법을 깨달았습니다. 그리고 연기의 모든 존재는 결국 공으로 돌아감과(諸行無常) 그리고 연기의 존재는 모여서 된 가합(假合)임으로 딱히 나라고 할 것이 없으며(諸法無我), 연기는 자성이 없어 스스로를 모른다는 것(緣起無自性空)과 일체유심조(一切唯心造)를 깨달으셨습니다.

　그리고 무상하여 헛되고 헛된 것을 아는 그놈(마음)은 헛되지 않은 것을 알고, 마음이 주인이고 육신은 객임을 깨닫고 생사해탈을 하셨습니다(遠離顚倒夢想).『반야심경』에서는 오온이 공함을 알고 일체 고액을 넘어섰다 했고,『능엄경』에서는 삼계는 허위고 오직 마음이 지은 것이며 마음이 육신을 떠나면 육신은 시체라고 말했고(三界虛僞 唯心所作 離心則無 六塵境界) 그래서 화장이 가능합니다.

『화엄경』에서는 일체중생은 누구나 부처가 될 수 있는 불성이 있고 그 불성은 보광명지(普光明智)라고도 하며, 마음 자체는 깨달음이며 대지혜 광명이므로 비로자나불이라고도 하며, 비로자나불은 『화엄경』의 주불이십니다.

『천부경』에서는 마음은 본래 태양보다 밝다 했고, 『능엄경』에서는 신령한 광명이 홀로 빛나니 육근(몸뚱이)을 벗어났다(靈光獨耀 迥脫根塵) 했습니다. 부처님은 일체중생이 불성이 있음을 깨닫고 그 불성이 유일무이함을 알리고자 "천상천하 유아독존"을 외치신 것입니다. 이 영광(靈光)을 『중용』에서는 신독(愼獨)이라 했습니다.

비로자나부처님을 체(體)로 보면 법신이요, 상(相) 즉 빛(光)으로 보면 보신이요, 용(用) 즉 밝음(明)으로 보면 화신입니다. 이렇게 마음이 삼신(三身), 삼대(체·상·용), 삼덕(법신·반야·해탈)을 갖추었으므로 삼라만상은 비로자나불의 해인삼매(海印三昧)의 그림자요 메아리인 것입니다.

선재 동자가 찾아본 53선지식은 보광명지의 확인이며, 문수지와 함께 보현의 후득지가 되어 일체종지가 됩니다. 『법화경』은 공간적으로 십법계와 삼세인과를 통하여 나는 십법계 중 다섯 번째 인간이며, 불·보살이 되는 것이 목적임을 알게 했고, 과거는 지나갔고 미래는 오지 않았고 지금 여기도 머물지 않으나 여기가 가장 중요함을 알게 했으며(圓覺道場何處 現今生死卽是, 원각도량이 어디냐. 지금 여기 생사가 있는 곳. 해인사 장경각 주련), 또 『법화경』은 사구계(보살을 가르치는 법이며 부처님이 호념함)의 말씀대로 보살이 될 것을 권하고 있습니다.

왜냐하면 무여열반의 십지보살이 되어야 중생을 구제할 수 있고 8불의 씨가 될 수 있기 때문입니다. 부처님의 수행법은 보살 수행의 필수 과목인 육바라밀다와 법화육행(수지, 독송, 해설, 서사, 여설수행)입니다.

『법화경』은 모든 부처님이 이 경으로부터 성불하시고 법을 굴리시고 열반에 드셨으며, 여래일체 소유지법과 여래일체 심신지사와 여래일체 비요지장과 여래일체 자재신력이 장엄되있기 때문에 부처님의 입으로부터 직접 들은 것

과 같고 부처님의 법으로부터 화생할 수 있기 때문에 법화
육행을 수행하라는 것입니다.

그러므로 부모가 낳아준 청정한 육신을 회복할 수 있습
니다. 심신이 청정하면 그대로 대각입니다.

만리무운에 만리천입니다(萬里無雲萬里天).

그리고 여래의 열반은 방편일 뿐 수명은 상주불멸 하시
며, 삼계와 같지 않은 데서 삼계를 보며(不如三界 見於三
界『법화경』, 同塵不染 利生常道『화엄경』) 중생을 상교화
(常敎化)하십니다. 부처님은 성인 중의 성인이십니다.

종합

그러므로 경세를 중시한 공자님의 인도(人道)와 망세(忘
世)를 중시한 노장의 천도가 아니고는 윤회와 열반, 이고
득락, 향상일로의 불법을 설명할 수 없고, 불법이 아니면
자기 마음을 다할 수 없어 인격 완성을 할 수 없습니다. 인
격 완성이 안 되면 천에도 날 수 없고, 성문·벽지·보살이

될 수 없으니, 불법을 인도와 천도를 경작할 터전으로 삼고 인도와 천도는 불법을 구경으로 삼고 살아야 한다고 생각합니다.

그러므로 세 성인이 지향한 경세(經世), 망세(忘世), 출세(出世)는 인생의 이정표가 될 수 있습니다. 이렇게 천부경에서 발원한 삼도는 성인들이 도달한 과위와 지향점이 다르나 중생을 위한 마음은 같은 것을 보면, 천하는 두 도가 없고, 성인은 두 마음이 없다(天下無二道, 聖人無兩心)는 말씀과 마음은 같고 생각은 다를 수 있다(同歸而殊塗 一致而百慮)는 가르침과 솔개는 하늘에서 날고 고기는 연못에서 뛰나 노는 마음은 같다(鳶飛戾天 魚躍于淵)는 시구(詩句)는 세상의 물정을 알리는 만고의 진리임을 알 수 있습니다.

나도 성인이 되리라는 간절한 발원을 하고 지관(止觀, 정혜쌍수)법으로 닦으면 누구나 불성이 있어 왕대밭에는 왕대가 날 것이고 개천에는 용이 날 것입니다.

다. 서구의 휴머니즘과 천부경의 홍익인간(人中天地一) 비교

고대 그리스 사회는 근본적으로 귀족사회였기에 질적으로 우수한 존재가 상부를 차지하고 질이 떨어진 국민이 하부층을 차지하는 계급사회였습니다. 그리하여 그리스가 노예제도를 유지할 수 있었습니다. 그런데 기독교는 인류가 기본적으로 하나이며, 모든 인간의 존엄성은 동등하므로 계급사회의 부당함을 주장하여 오늘날 민주주의 사회가 생길 단서를 제공하였습니다. 막스 베버가 서구 자본주의 사회의 정신을 청교도 정신에서 찾은 것은 이러한 맥락이라고 볼 수 있습니다.

1775년 루소는 『인간불평등 기원론』에서 인간과 동물의 차이를 비교하면서, 동물의 삶은 자연이 관장하고 본능으로 살지만 인간은 자연에 순응하기도 하고 극복하기도 하여 상황에 따라 지혜를 가지고 자유롭게 선택하며 살기 때문에 인간이 우수함을 말했습니다. 또한 자연적·사회적

운명도 인간을 완전히 지배할 수 없으며, 남녀·인종 차별 없이 인간에겐 자유롭고 무한한 가능성이 있다고 인간 존엄성을 주장했습니다. 이런 영향으로 1789년 프랑스 인권선언에서 인간을 세계 중심에 놓고 이 땅에서 진심으로 존중해야 할 유일한 존재로 규정했을 뿐만 아니라, 빈부고하와 남녀·인종 차별 없이 평등하다고 선언했습니다. 그 후 르네상스 휴머니즘, 영국의 권리장전, 천부인권설을 지나 실존주의 휴머니즘에 이르러 '실존은 휴머니즘'이 되었습니다.

"실존은 본질에 선행한다"라고 하여 체(體)보다 용(用)을, 이(理)보다 사(事)를, 공(空)보다 색(色)을 우위에 둔다고 했습니다. 그러나 아무리 인간의 존엄을 말해도 서구인의 의식은 예수님만이 '삼위일체'의 당사자요 인간이면서 신이라는 '인간과 예수'의 이원론(二元論)의 틀을 벗어나지 못하고 있는 것 같습니다.

삼위일체(성부, 성신, 성자)는 우주의 이치로 인(因=聖父), 연(緣=聖神), 과(果=聖子)를 말하는데 왜 다른 인간과 차별하는 것일까요? 모든 존재는 삼위일체의 존재입니다.

예를 들면 작년에 심은 콩을 금년에 수확할 때 작년 콩은 성부요, 금년 콩은 성자요, 콩이 콩 되게 한 물, 공기, 온도 등 연(緣)은 성신입니다. 고로 삼위일체는 어느 종교의 전유물이 아니고 우주의 이치입니다.

양자역학이 물질을 분석하니 당사자의 의도대로 +,−가 바뀌는 것을 보고 더 이상 분석할 수 없다는 결론에 도달했음에도 불구하고 마음 밖에서 신을 구하고 있습니다. 신이 있다면 그 신은 어디에서 왔는가를 밝혀야 하는데도 묻지 말라 하고 기정사실화하고 있는 것입니다. 아직도 종교가 인간의 이성을 장악하고 있어 서양의 인본주의는 예수와 차별된 인본주의이므로 누구나 예수님이 될 수 있다는 깨달음에는 이르지 못한 것 같습니다.

다시 말하면 예수님만이 '성자(聖子)'라 하는데 도마복음 3절에 "그 나라는 우리 안에 있다. 그 나라는 너희 안에도 있고 너희 밖에도 있다. 즉 누구에게나 있다"라고 했습니다. A=B=C=A 그러므로 누구나 예수가 될 수 있다고 해야 합니다. 인간이 궁극적인 진실에 도달할 수 있는 것은 믿음이 아니라 깨달음인데도 말입니다.

이에 반하여 4300년 전 단황 천부경은 인간이 천지 중에 제일 중요하다고 단언하고, 인간만이 육신의 한계를 마음으로 극복하고 누구나 불성이 있으므로 수행하여 천상과 인간의 스승이 될 수 있다 했습니다. 또한 사중은혜(부처님·부모·국가·사회)도 알고 천상에도 나고 성문·벽지불·보살·부처도 될 수 있으니, 상불경보살(常不輕菩薩)이 만나는 사람마다 예배 공경하면서 "나는 너희들을 깔보지 못하나니 왜냐하면 너희들이 모두 보살도를 행하여 성불할 것이기 때문이다"라고 하였던 것입니다.

이와 같이 마음과 부처와 중생이 차별이 없습니다. 『천부경』의 휴머니즘은 천지는 동근이요 만물은 동체임을 깨닫고 회통한 휴머니즘이니, 지구촌이 모처럼 다문화·다종교·다인종을 수용하여 천하태평을 누릴 수 있는 사상입니다. 인류 휴머니즘의 효시라 할 수 있습니다.

라. 천부경의 불국토건설과 정역(正易)의 용화세월(미륵세상) 도래에 대하여

『천부경』 81자의 핵심은 개국, 개천의 목적을 지혜와 복덕을 갖춘 깨달은 백성이 사는 불국토 건설에 두고 나라를 세워(고조선) 47대 2095년간 영광의 역사를 누린 것입니다.

반면 김일부 선생의 『정역』은 복희8괘가 천도(天道)를 문왕8괘가 인도(人道)를 밝히고 수천 년간 지도(地道)가 없었는데, 일부 선생이 계룡산 국사봉 향적산방에서 20여 년간 『주역』을 공부하실 때 하도가 물에서, 낙서가 거북이 등에서 나오듯, 정역8괘 도상이 4~5년간 토굴 천장에 나타나 이를 참구한 끝에 깨닫고 보니 『주역』「설괘전」 6장 "신야자 묘만물이위언자(神也者 妙萬物而爲言者也)가 지도를 밝힌 것임을 확신하고 4,769자로 완성한 다른 나라에 없는 우리나라의 독창적 정역입니다.

요지는 1885년경부터 후천 세계가 도래하여 기울어진

지축(23.5도)이 바로 서면서, 이천칠지(二天七地)라는 땅속 용암의 이동으로 지구에 화산, 지진, 해일 등이 일어나고 기후변화가 오고 남북극의 빙하가 녹아 일본과 우리나라 동남해안 100여 리 땅이 물에 잠기고(水潮南天), 대신 서북쪽은 2배가량 융기하여(水汐北地) 우리 국토는 넓어지게 됩니다. 육지와 바다의 비율도 지금의 4분의 3인 바다가 4분의 1로 줄어들고 육지가 4분의 3으로 바뀌며, 이때 지구 인구는 60~80%가 소멸합니다. 윤달과 극한·극서가 없어지고 1년이 360일이 되며, 정역도와 같이 8괘의 음양 배열이 바르게 된다는 것입니다. 이때 우리나라는 문왕 8괘의 기준으로 방향이 간방향이라 지구의 축이 되어 피해가 가장 적고 공주 계룡산이 세계의 중심 역할을 하게 되는데, 금화교역(金火交易)으로 이 땅에 용화 세월(미륵 세계)이 열린다는 것입니다. (문광 스님 '탄허 선사 사교 회통 사상'에서 인용)

어떻게 그 세상이 오느냐 하면 고드름이 녹을 때 처음에는 한두 방울 뚝뚝 떨어지다가 차츰 주룩주룩 떨어지고,

마침내 고드름이 뚝 떨어지듯 그렇게 온다는 것입니다.

지금 알프스의 눈과 남북극의 얼음이 녹는 것이 지구 변화의 조짐이라 할 수 있습니다. 공주 계룡산 국사봉에 세워진 천계창운비와 오행비는 이를 예언하고 있습니다.

《정역팔괘도》

금화교역과 용화세월 도래를 나는 이렇게 생각합니다. 오행은 자성(自性)이 없어 인연 따라 상생·상극·중화합니다. 예를 들면 수(水)와 화(火)가 상극이나, 태양의 화 기운은 수를 따라 내려오고 지구의 수 기운은 태양열을 따라 올라가 수승화강(水昇火降)으로 만물이 자라듯 금(金)과 화(火)도 다른 오행과 함께 상왕래(相往來)할 수 있습니다.

지축이 바뀌고 오행 배열이 조화로워 상극하지 않고 서로 사귀는 것을 금화교역이라 하는 줄 압니다. 『주역』 64괘 중 1~30괘까지 천도를 밝힌 선천괘, 31~64괘를 인도를 밝힌 후천괘라 하는데, 인도의 첫 괘가 성숙한 남녀가 혼인하는 '택산함(澤山咸)' 괘인 것처럼 오행의 상합을 교역이라 하는 줄 압니다. 말법시대(투쟁뢰고시대, 금수운)가 지나면 물극필반(物極必反)의 원리에 따라 다시 정법시대(해탈의 시대)가 오는 것이 곧 금화교역입니다.

그리고 또 하나는 일체중생이 불성이 있으므로 신·해·행·증·원을 따라 수행하면 누구나 성불할 수 있습니다. 지금 말법시대 중생은 근기가 약하여 성불하기 힘든 때이나, 지축이 바뀌며 인류가 소멸하는 대변국을 겪고 십 리에 하나둘 살아남은 중생은 무상을 뼈저리게 느낄 것입니다. 무상을 깨닫고 삼계화택(욕계, 색계, 무색계)의 탐욕의 불(화, 火)은 불생불멸의 금강반야 지혜(금, 金)로 바뀌고, 정(情)적인 사랑도 대자대비로 바뀌는 것, 즉 전식성지(轉識成智)를 금화교역이라 생각합니다. 이를 두고 『능엄경』

은 "한 사람이 참마음을 발하면 시방 허공이 녹아 떨어진다(一人發眞 歸源 十方虛空 悉皆消殞)" 했고, 『중용』은 "사람의 마음이 중화에 이르면 천지가 제자리에 서고 만물이 자란다(致中和 天地位焉 萬物育焉)"라고 했습니다.

복희8괘가 무심(無心)의 천도를, 문왕8괘가 유심(有心)의 인도를 말했다면, 무극수 10수를 사용한 정역8괘는 유무를 초월한 깨달음을 말했다고 할 수 있습니다. 깨달음의 세계는 이사무애(理事無礙)·사사무애(事事無礙) 하기 때문에 상극이 있을 수 없습니다. 그러므로 정역 시대는 종말이 아니고 성숙이며, 파괴가 아니고 결실이며, 퇴행이 아니고 인류 지성의 향상입니다. 우리 조상은 『천부경』으로 불국토를 세우시고 『정역』으로 용화세월을 예견해 주시니, 사대사상에 찌든 민족이 모처럼 자긍심과 정체성을 갖고 세계 무대에 당당하게 나가게 되었습니다.

계룡산 국사봉 천계창운비와 오행비

마. 차중(車中)에서의 법담

1) '산은 산, 물은 물'이라는 뜻이 알 것도 같고 모를 것도 같아요.

2) 가끔 제 차를 타는 분 중에 참선을 하신다 하며 경을 보지 말라 하는 데 헷갈려요.

법담 ① : 산은 산, 물은 물에 대하여

몇 년 전 부산에 사는 신도분의 혼사가 있어 참석하려고 부산역에 내려 택시를 탔습니다. 운전석에 염주가 걸려 있는 것을 보고 부처님을 믿느냐 물었더니 그렇다 하길래, 반갑다 인사하며 불법을 수행하면서 의심나는 것은 없느냐 하니 위의 두 질문을 하는 것이었습니다.

"산은 산, 물은 물"이라는 말씀은 30여 년 전 열반하신 성철 스님이 정초 법어를 내리시면서 세상에 알려지기 시작한 경구(經句)입니다. 예를 들면 지금 기사분이 백일 사진을 놓고 가만히 들여다볼 때, "지금의 나와 똑같으냐?" 하면 아니요(비일, 非一) 할 것이고, "그러면 다르냐?" 하

면 그것도 아니요(비이, 非異) 할 것입니다. 자기 자신을
놓고도 같지도 다르지도 않으나 그래도 ‘나는 나’인 것입니
다. 이것이 세상의 물정(物情)입니다.

금년에 콩을 심어 올가을에 수확한 콩을 놓고, 작년의 콩
과 금년의 콩이 똑같으냐 하면 아니요 할 것이고, 다르냐
하면 다르지도 않다 할 것입니다. 그래도 콩은 콩인 것입
니다.

다른 것을 인정하면 같은 것만 남습니다. 마찬가지로 어
제의 금정산과 오늘의 금정산은 같지도 다르지도 않은 것
이나 금정산인 것이며, 어제 부산 앞바다의 물과 오늘 부
산 앞바다의 물이 같으냐 다르냐 하면 둘 다 아니라 할 것
이나, 그러나 부산 앞바다의 물은 물인 것입니다.

이 도리를 회사에서 적용하면 나와 생각이 다른 직원과
도 함께 지낼 수 있으며, 서로 다른 것을 인정하면 같은 것
만 남으니 대통령도 대통령을 반대하는 야당이나 국민도
수용하여 국정에 반영할 수 있습니다. 왜냐하면 이 세상에
내 지문과 똑같은 사람이 하나도 없기 때문에 차별을 인정

할 수밖에 없습니다.

이 도리를 지구촌에 적용하면 모처럼 지구촌이 다문화, 다종교, 다인종을 수용하여 전쟁 없이 평화롭게 살 수 있습니다.

이 사상을 인생에 적용하면 인생이라는 고해 바다에 바람 불고 물결쳐도 함께 건널 수 있는 지혜입니다.

이 법은 공(空)도 인정하고 가(假)도 인정하는 중도법문(三觀)입니다.

법담 ② : 참선을 하시는 분이 경을 읽지 말라는 것에 대하여

구경(究竟)으로 가는 길은 두 갈래 길이 있습니다. 하나는 상근기가 질러가는 지혜문이요, 하나는 중·하근기가 돌아가는 방편문입니다.

석가모니 부처님은 49년 설법 중 마지막 8년을 『법화경』을 설하시면서 말씀하시기를, 당신이 처음 얻으신 깨달음의 세계를 말하니 아무도 알아듣는 사람이 없어 내가 차라리 열반에 들고 말까 생각하셨다고 합니다. 이때 범천왕과

제석천왕, 자재천왕과 그 권속 백천만이 공경 합장하면서 법륜을 굴려달라 청하니, 내가 법을 굴리지 않으면 저 많은 중생이 삼악도에 떨어지는 것을 염려하시고 과거 부처님이 행하던 대로 나도 방편법을 설하노라고 하셨습니다.

그 구체적 방법으로 법화육행(수지, 독송, 해설, 서사, 여설, 수행)과 육바라밀과 팔정도를 제시하셨습니다. 이것은 중·하근기, 중생 눈높이에 맞춘 교법인 것입니다. 이리하여 팔만사천 법문은 모두 방편법문이 되었습니다.

대각하신 부처님이 돌아가는 길을 택하신 방편법은 중생의 눈높이에 맞춘 지혜로운 교법이며 세상 이치요 진리인 것입니다.

이에 반하여 지름길인 지혜문은 이해하기도 어렵고 들어가기도 어려워서 성문·벽지불도 알지 못한다 하셨습니다(『법화경』「방편품」). 성문·벽지불은 그 인격의 높이가 10법계(지옥·아귀·축생·수라·인·천·성문·벽지·보살·불) 중 7, 8번째로 천인보다도 높아 윤회를 벗어나 있고 욕념이 정화되어 다시 후생을 받지 않고 신통자재하며 번뇌가 없고 모든 원결이 다 소멸되고 수행의 이로움을 얻고 마음이 자유로워진 경지입니다. 소위 자리(自利)가 구족된 경지로 앞으로 이타의 공덕만 성취하면 대각은 성취할 수 있는 경지인 것입니다. 그런데 그런 분들도 갈 수 없다고 한 그 지름길을 일부 참선을 수행하는 분 중에는 스스로 상근기임을 은근히 자랑하면서 화두 하나만 달랑 들고 경을 보지 않고 20안거, 30안거를 하여 견성성불했노라 자만에 빠져 있는 사람이 많이 있습니다.

그들은 한결같이 경을 보지 말 것을 주장하는데 견성성불은 본성을 안 것으로 성불이 아니며, 아직 노력의 결과인 보신과 법신을 합한 화신의 성취가 남아 있는 것입니다. 만약 그들이 주장한 대로 본성을 안 것이 성불이라면 이 땅에 도인이 주체할 수 없이 많을 것인데 적은 것은 아니란 말이니, 허송세월하지 말기 바랍니다. 수행의 차제에 신, 해, 행, 증, 원 중에 해(解)가 있는 것은 먼저 불법의 대의를 확연히 이해하고 나서 수행을 하여 계합증험한 후 원력으로 공덕을 쌓아 가란 말입니다. 견지(見地)가 도달하면 법신이요, 수증(修證)이 도달하면 보신이요, 행원(行願)이 도달하면 화신입니다. 진리를 따르는 것이 수행자입니다.『법화경』「상불경보살품」에 상불경보살이 경을 보지 않고 다만 만나는 사람마다 예배 공경하면서 "나는 너희들을 깔보지 못하나니 왜냐하면 너희들이 모두 보살도를 행하여 성불할 것이기 때문이다"라고 한 것을 보면, 중생을 보되 불성이 보이고 삼라만상을 보되 진리가 보이고, 생각 넘어 대지혜에 언제든지 들고 날 수 있거나 누가 내 자존심을 건드려도 아무렇지 않을 때 경을 보지 않아도 되나, 그렇지 않으면 경을 보아야 합니다.

왜냐하면 경은 단순한 역사책이 아니고 진리이기 때문에 현재형이며, 진리는 영혼이 먹는 양식이 됩니다. 또 경은 부처님의 모든 법이, 비밀한 법장이, 심신지사가, 과거 현재 미래 부처님의 신력으로 장엄하여 모든 부처님이 이 경으로 성불하시고 이 경으로 법을 굴리시고 이 경으로 열반에 든다 하셨기 때문에 이 경을 읽으면 맑은 물이 세탁하듯 나의 의식이 진리에 의하여 정화될 수 있는 것입니다. 이것을 종법화생(從法化生)이라 하며 이 경은 여래의 전신이라 하셨기에 부처님의 말씀을 직접 듣는 공부입니다(從佛口生). 이 경을 통하여 객관 세계의 무지무식으로부터 해탈인 보리(菩提)를 이루고 자기 내면의 번뇌를 정화하여 열반을 얻어 보리와 열반을 함께 얻어야 성불하는 것입니다.

　중국의 연지대사, 지욱선사, 감산대사, 천태지의대사, 연수선사 같은 분들은 유불선 제자백가에 통달한 후 선정에 드신 분이며, 우리나라 원효대사, 의상대사, 지눌스님, 서산대사, 사명대사 같은 분들은 제 경전을 두루 섭렵하신 후 수행하여 성공을 거두신 분들이며, 탄허선사 같은 분도 유불선과 기독교 4교를 통달하신 후 선정에 드신 줄 압니다.

　박학, 다문, 독행, 심사, 명변은 선비의 조건인데 불자도 갖추면 세상을 구할 때 매우 좋은 줄 압니다. 석가부처님도 출가하시기 전(30세)까지는 최고 수준의 왕자 교육을 받으시고 그 후 출가 수도하여 선정을 닦아 성불하셨습니다. 무식이 결코 도를 통하는 길이 아니며 무식하면 고루하고 편협하고 고집 세지고 교만해집니다.

　후학의 질문에 과연 막힘없이 답할 수 있으면 하거니와 아니면 거룩한 경을 보고 공부할 일입니다. 경을 보고 수행하는 분들에게 학승이라 하여 깔보지 말고, 경을 보지 말라고 하여 업을 짓지 말기를 꼭 부탁합니다. 사방에 오랑캐(남만, 동이, 서융, 북적)를 두고 한족 중심, 중국 중심으로 세상을 보아온 자존심 강한 중국인들에게 서쪽(융)에서 온 큰 진리가 늘 불만이었습니다. 삼현학(노자, 장자, 주역)이 구비되어 있다 하나 그것으로는 불경의 불가사의하고 신통함을 이길 수 없어 어쩔 수 없이 지식인이 투항하여 불법을 받아들이고 나서 선불교를 만들었던 것입니다. 엄밀히 말하여 선불교는 불교가 중국화한 심종(心宗)입니다. 구업을 짓지 말라 하면서도 부처를 죽이고 조사를 죽이라는 등 끔찍한 말을 함부로 하고 염불에는 관상염불(觀相), 관상염불(觀想), 칭명염불(稱名)이 있어 중·하근기가 이에 의지하며 목불의 32상 80종호를 보고 또 부처님의 가르침인 4성제, "12연기, 6바라밀다"를 생각하며 공부하는데 단하스님은 자기가 조성하지도 않은 그 목불을 태우셨는데 자기는 상근기라 목불이 없어도 되나 중·하근기는 있어야 하는데 목불을 태우니 길을 아는 자기는 이정표가 없어도 가지만, 길을 모르는 사람은 이정표가 필요한데 이정표를 없앤 것을 보면 자비가 부족한 것이 아닌가 생각합니다.

그러나 주염계의 『태극도설』 249자를 16자로 압축한 태극서를 보면 뛰어난 선지(禪智)가 아닐 수 없습니다. [4]

불교유통사 고려조 편을 보면 이조가 왜 억불을 결정했는지를 알 수 있습니다. 선불교의 폐해를 다 적지는 않습니다. 8만 4천 경전이 없으면 중국 사람들은 불교를 자기들 것이라고 할 사람들입니다. 심학은 경전이 없어도 될 수 있을는지 몰라도 불이란 깨달음이요, 교는 선각이 후각을 가르치는 것이니 그 교재가 불경이니 불교는 그 경전이 있어야 합니다. 불입문자 직지인심 견성성불을 말하면서 왜 달마는 『보전』을, 혜능은 『단경』을, 각 조사들은 어록을

---

4. (태극도=태극–양의–오행–건도성남–곤도성녀–만물화생)
   * 단하선사(丹霞禪師)의 태극서
   흑백미분, 난위피차, 현황지후, 방위자타(黑白未分, 難爲彼此, 玄黃之后, 方爲自他)= 한 생각 일어나기 전에는 너와 나 구별이 없더니, 한 생각 일어난 후 공간과 주객이 생겼도다.
   주간적으로 통체일태극이요, 객관적으로는 각구일태극를 말하는 것입니다.

남겼을까요? 선과 교는 나눌 수 없습니다. 이언진여(離言
眞如)도 마음이요, 의언진여(依言眞如)도 마음이니 의언이
방편이고, 방편이 경전이요 마음입니다. 고로 선은 부처님
마음이요, 교는 부처님 말씀이라고 나누나 이 둘은 같은
것입니다. 부처님은 『법화경』「약초유품」에서 여래는 모든
법의 왕이시므로 말씀하시는 것이 모두 헛되지 아니하여
일체 지혜에 이른다 하였습니다. 6바라밀다 중 선은 그 중
하나요 나머지 5바라밀다도 함께 수행하여야 합니다. 그
래야 지혜와 복덕이 원만해집니다. 아울러 마음과 몸도 함
께 닦아야 합니다. (性命雙修)

참선만이 대단한 것이 아니며 깨치는 것이 중요합니다.

배워서 깨치는 것이나 독경하는 소리를 듣고 깨치는 것
이나 법문을 듣고 깨칠 수 있다면 화두 참선보다 더 수월
하다 할 것입니다.

바. 화장터 견학을 다녀와서

　남의 일인 줄만 알고 있던 죽음이 나에게도 언제 어디서나 찾아올 수 있기에, 이를 가슴으로 받아들이고자 고희(古稀)를 앞두고 미리 상주시가 운영하는 화장터에 견학하러 가겠다고 양해를 구했습니다. 그리고 두 구의 시신이 들어오는 날에 맞추어 아침 8시~10시까지 1,000℃ 화구 앞에서 염불하며 화장을 지켜본 일이 있습니다.

　입선(立禪)에 들어보니 배워서 머리로 알고 있는 오온개공(五蘊皆空), 제행무상(諸行無常)은 저 고열 속에서 아무 소용이 없음을 알았습니다. 다시 말하여 전 5식(안·이·비·설·신)과 6식(識)은 재만 남기고 지·수·화·풍 사대(四大)로 돌아가고, 다만 가슴으로 깨달은 8식(무몰식·함장식·영(靈))만이 타는 시신을 보는 것입니다.(照見五蘊皆空) 이때 비로소 『반야심경』의 "마음은 생사에 걸림이 없고, 걸림이 없기 때문에 죽음의 공포가 없다"라는 말씀과 『법화경』의 "마음은 상(相)을 떠나 있고 그 상은 없어지고 마침내 공(空)으로 돌아간다"라는 말씀이 나와 계합됨을 알았습니다. (心無罣碍 無罣碍故 無有恐怖 遠離顚倒夢想 離相滅相 終歸於空)

아침 안개가 기류를 벗어나지 못하듯, 하늘의 구름이 하늘을 벗어나지 못하듯, 바다의 물거품이 바다를 벗어나지 못하듯 재만 남기고 간 사대(지·수·화·풍)는 마음을 떠나지 못합니다. 『천부경』의 '석삼극 무진본'이 같은 뜻임을 알 수 있습니다. 심물(心物)은 일원(一元)입니다. 붉다 못해 흰색으로 작열하는 화구를 보며, 젊어서 버나드 쇼의 소설 속 그의 생전 묘비명 "내가 우물쭈물하다가 이럴 줄 알았다"를 읽고 죽음 앞에서 후회가 적고자 다짐했던 결심을 다시 하게 되었습니다.

부처님 가르침 따라 인생의 목적을 지혜와 복덕의 완성에 두고 먼저 육바라밀다를 실천하되, 사중은혜(부처님·부모님·국가·사회)에 최선을 다하기로 했습니다. 하나로써 만 가지 복을 얻나니, 오른손이 준 것을 왼손이 모르게 털끝만큼, 티끌만큼, 물방울만큼이라도 선을 행해 보겠습니다(財施).

일요 법회는 물론 도심 포교를 하여 한 사람에게라도 거룩한 진리를 전하겠습니다(法施).

모든 인연이 과학적이고 체계적인 생사의 가르침을 배우고 깨달아 죽음의 공포로부터 벗어나도록 도와주고(無畏施), 『법화경』「서품」과 「제바달다품」에서 부처님이 두목(頭目), 신체, 골수를 기쁜 마음으로 보시한 것처럼 나도 쓰다 남은 장기를 기쁜 마음으로 기증하기로 했습니다. (국립장기이식관리센터, 장기기증 희망 등록번호 8029320(2011년 9월 5일))

화장 시설이 잘 되어 있으니 나도 죽으면 번거롭게 나무로 화장하지 말고 여기서(승천원) 해 달라고 유언해 두었습니다. 타다 남은 한 움큼 재는 산신각 앞 화단에 뿌리고, 유골함 등은 만들지 말라고 했습니다. 사실 종교의 시작은 생사의 의심에서부터 출발했다 할 수 있습니다. 부처님도 태어나신 3일 후에 모후 마야부인을 잃었기에 사문유관

(四門遊觀)에서 생로병사를 의심하게 되었고, 그 의심이 화두가 되어 출가, 수도, 성불하셨습니다. 그 후 49년 마지막 설법(법화경)을 기사굴산에서 하시는데, 기사굴산을 풀어보면 기(耆: 노인 기), 사(闍: 화장터 사), 굴(崛: 우뚝 솟을 굴) 산이니 산에 시체를 버리거나 태우는 화장터입니다. 지금도 인도에서는 잘사는 사람은 화장하고 못사는 사람은 높은 산이나 굴에 시체를 버린다 합니다. 그러면 독수리들이 쪼아 먹기 때문에 기사굴산을 또한 영취산(靈鷲山)이라고도 합니다.

부처님은 이렇게 시청각으로 생사는 중하고 무상은 신속함을 다시 한번 상기시키고는 삼세인과와 십법계, 그중에서 육도윤회와 영생하는 지정각(至正覺) 세계에 백호광명을 비추어 놓으심으로써 인생의 이정표와 가로등을 달아 놓으셨습니다. 마음이 주인이 되어 육신의 한계를 극복하고 삼신(법신·보신·화신)을 성취하면 육신의 죽음은 방편이고, 실제로는 상주불멸(常住不滅)함을 스스로 보여주셨습니다. (「서품」, 「여래수량품」) 누구나 무상을 넘고 생사의 의심을 해결할 수 있음을 알려 주셨습니다. 이리하여 천백 억화신 석가모니불이 되셨기에 모든 기도자가 언제 어디서든지 그분을 뵈올 수 있게 된 것입니다.

저도 이 각근사 터를 석가모니 부처님과 약왕보살님이 정해주셨습니다. 수행자라면 한번쯤 화장터 견학을 해 보시기를 권합니다. 여러 가지 배울 게 있습니다.

장례법에는 매장, 화장, 수장, 풍장, 허공장 등이 있는데 과거에는 7~8남매를 두고도 몇 대가 지나면 손(孫)이 끊어져 양자를 하여 대를 이어가면서 봉제사와 묘소를 수호했으나, 지금은 1~2명만 낳을 뿐 아니라 양자도 하지 않는 때요, 조상 섬기는 정신이 약해졌으니 화장이 시절 인연에 맞다 할 것입니다.

그러나 내 산이 있고 좋은 터가 있고 자손이 조상을 섬김에 관심이 있으면 매장할 수 있습니다.

매장은 그 터로 인하여 후손이 좋을 수도 나쁠 수도 있습니다. 명을 마친 몸뚱이가 가장 빨리 지·수·화·풍 사대로 돌아가는 데는 화장만한 것이 없습니다. 그리고 화장을 했으면 양지바른 곳에 뿌릴 일이지 납골당에 안치할 것은 없습니다. 왜냐하면 화장의 뜻과 맞지 않기 때문입니다. 화장하면 무해무덕(無害無德)합니다. 허공장(虛空葬)이란 신족통이 가능한 수행자(아라한 이상)가 임종 시에 기념으로 손톱 하나, 발톱 하나, 머리카락을 남겨놓고 허공에 비상하여 몸을 미진수(微塵數)로 분해하고 빛으로 화하는 것을 말합니다.

38년 전 정묘년(1987년) 음력 7월 2일입니다. 하루는 설송 큰스님께서 "오늘이 당신의 스승이신 무령조사(1987년 열반)님께서 금강산 천 길 석굴에 계시면서 천녀 공양을 받으시다가 세속 인연이 다하여, 103세 되시는 오늘 당신 생신날에 열반하시는 날이니 내려오너라" 하시기에 서울에서 큰스님이 계신 수원 일광사(경기도 화성군 매송면 천천리)로 내려가 시중을 든 일이 있습니다. 그때 설송 큰스님은 목욕재계 후 옷을 새로 갈아입으시고 일광사 대웅전에 정좌하신 후, 눈물을 흘리시며 신통으로 스승의 임종을 지켜보시면서 다음과 같은 임종게를 남기시고 스스로 허공장 하셨다는 것을 직접 옆에서 지켜보았습니다. 제가 임종게를 받아 적었습니다.

*** 무령 조사의 임종게**

노사 우비 고뇌 수능지(老死 憂悲 苦惱 誰能知)
누가, 근심 걱정 속에 늙고 병들어 죽는지를 아는가?
무명동시 일체행(無明同時 一切行)
무명(욕염)이 피에 흐르니
영육 병립 일체고(靈肉 并立 一切苦)
영과 육이 합하여 생명이 되고 인생 팔고가 생겼다(12연기의 유전 연기)
영육 각이 열반락(靈肉 各異 涅槃樂)
영육이 떨어지면(무명이 사라지면) 열반락일세(12연기의 환멸 연기)
무유피차 일체심(無有彼此 一切心)
한 생각 일어나기 전에는 너와 나 주객이 없으니(黑白未分 難爲彼此)
하극하승 병무심(何克何勝 并無心)
남을 누르고 이길 생각을 아예 하지 마라(天地同根 萬物一體)
　　– 정묘년(1987년) 음 7월 2일 무령 조사 임종게를 무진이 받아 쓰다

그 후,

자구득 불구득 도지시야(自求得 不求得 道之始也)

얻으려 해도 얻어지지 않던 도가

불구득 자구득 도지종야(不求得 自求得 道之終也)

얻지 않으려 해도 스스로 얻어지는 것이 도더라

아시천지 개문리(我始天地 開門理)

진아로부터 천지가 나왔도다

여당개관 묘진실(余當開觀 妙眞實)

나는 천지 이치를 알 수 있도다

(나는 일체 지자요, 견자요, 개도자요, 설도자인 고로 현불사를 창건

했노라)

두 사제분의 열반송을 깊이 음미해 보시길 바랍니다.

그리고 이장(移葬)에 대하여 이런 원칙을 가져보는 것이

좋을 것입니다. 이장에 관한 한 산 사람과 죽은 사람은 죽

은 사람이 중심입니다. 그러므로 산 사람이 편안하기 위해

수백 년 또는 수십 년 조상님들이 정성을 바쳐 받들던 산

소를 이장하는 것은 아닙니다.

다만 객관적 사실이 있을 때는 이장할 수 있습니다. 객관적 사실이란 망인이 꿈에 나타나 "내가 물속에 있어 춥다"고 하거나 나무뿌리 등에 얽혀 있다고 선몽을 주는 경우, 산소를 써놓고 보니 물이 나는 것을 여러 증거로 알 수 있을 때, 또는 산소를 쓴 후 여러 흉사가 거듭될 때, 그곳에 도로가 나거나 아파트 단지, 공장 등이 들어오거나 저수지, 댐 등이 생겨 수몰되거나 할 때는 그 묘소에 사실을 고하고 이장할 수 있습니다.

이런 원칙을 무시하고 내가 편안하고자 산소를 옮기고 나서 패가하는 경우를 많이 보았으니 참고하시길 바랍니다. 제일 좋은 것은 영가를 천도해 드리는 것입니다. 그러면 아무 탈이 없습니다. 이상과 같이 화장터 견학을 다녀오고 나서 느낀 것을 다 말씀드렸습니다.

사. 우주의 주선(主線)은 곡선(曲線)이다

2000년 여름 설악산 울산바위 가까운 곳에 토굴을 짓고 동해를 바라보며 100일 기도를 하는데, 하루는 새벽(4~5시)에 수평선이 활처럼 휘어져 보이는데 나도 모르게 "어, 우주의 주선이 직선이 아니고 곡선일세. 조광조는 죽지…" 하고 중얼중얼한 일이 있습니다.

그러고 보니 고깃배가 돌아서 귀향하고 하늘의 비행기도 돌아서 가고 육로도 지형 따라 나 있고, 욕실의 물도 돌아서 나가며 새싹도 나올 때 돌아서 나오고 어머니 산문(産門)을 나올 때도 돌아서 나왔고, 우리 몸의 마디가 360 골절로 된 것도 곡에 맞추어 살라고 설계되었음을 알게 되었습니다. 삼각형의 내각의 합이 180도인 것은 평면일 때이며 땅이 굽거나 경사지면 180도보다 작을 수도 클 수도 있는 것입니다.

따라서 모든 성인이 이것을 아시고 공자님은 『주역』의 대의를 "때에 따라 변할 줄 알라(隨時識變)"로 하셨고, 부

처님도 중생의 근기에 맞춰 방편법을 설하신 것을 알았습
니다.

상주는 곶감의 주산지입니다. 초봄에 꽃이 떨어진 감맛
은 비리고 여름에는 떫고 가을에는 단맛이 납니다. 감이
철에 따라 변한 것입니다. 내가 변하는 것이 원칙인데 세
상이 변하기를 바라고 원망하니 어리석은 것입니다.

정암 조광조 선생은 이조(李朝) 역사상 가장 올곧은 선비
의 한 분으로, 현량과를 통하여 인재를 발굴하고 연산군을
폐할 때 공을 세운 사람은 박원종을 비롯해 여덟 사람인데
80명이나 공신록(국록)을 받아먹으니, 대사헌으로서 왕에
게 시정을 건의하여 가짜 공신이 부당하게 받아먹은 국고
를 환수하게 한 것 등은 참으로 훌륭하였습니다.

그런데 하루는 이씨 왕조의 원 시조인 노자(이름 이이(李
耳), 자는 백양(伯陽))를 모신 소격서(昭格署)를, 노자가 무
위(허무)를 말했다 하여 사문난적으로 지목하고 조회 때
이것을 폐할 것을 주장하여 허락을 받아내고, 그날 밤 왕
의 침실에 찾아가 당장 내일 없앨 것을 윤허해 달라고 초

저녁부터 새벽닭이 울 때까지 졸라대니 비빈과 자던 중종
이 드러누우며 ‘네 마음대로 하라’ 한 일이 있다고 전해지
고 있습니다. 이것은 지나친 것입니다.

중종은 현철하지도 못하고 왕자 교육도 받지 않았으며,
왕위도 순조롭게 받은 게 아니라 연산을 폐하고 훈구대신
들에 의하여 왕이 되었기 때문에 그들에게 쥐여 지내는 형
편이었고, 열성조(列聖朝, 태조~연산군)가 모시던 사당을
자기 손으로 폐하기 싫었던 것입니다.

(지금 현대건설 건너편 삼환기업 있는 동네가 소격동입
니다.)

소격서는 그때 관리가 7명이나 있었고, 천문·지리를 살
피고 달력을 만들고 왕가의 택일·사주를 보고 애경상사
가 있으면 사당에 고하는 등의 역할이 있었습니다. 『소학
(小學)』을 생전에 가까이해 온 정암은 원칙에 충실하고 너
무 고지식하여 경연 때 왕사(王師)의 자격으로 왕이 졸면
“성군이 되실 분이 졸으시면 어떻게 하냐”고 만조백관 앞
에서 마구 야단을 치니 왕이 벌벌 떠는 일이 자주 있었습

니다. 올곧은 것이 좋은 것만은 아닌지라 왕이 싫어하기 시작하는 눈치를 유자광이 알아채고, 벌레가 썼다는 '주초위왕(走肖爲王, 조씨가 왕이 된다)'을 들고 무고(誣告)하니 왕은 무고인 줄 알면서 겸하여 훈구대신의 협박을 못 이긴 채 왕명으로 사약을 내렸습니다. 직심(直心)의 충신 조광조는 다음의 절명시를 남기고 떠났습니다.

우주의 주선(曲線)이 지선(直線)을 이긴 것입니다. 누구라도 바람 불고 물결치는 인생이라는 바다를 건너려는 자는 책상머리에 앉아 배운 서생의 지식으로는 건널 수 없고, 깨달은 무위자연(대원경지)의 대지혜라야만 건널 수 있음을 역사는 말하는 것입니다.

(爲學日益, 爲道日損 又日損 以至於無爲)

愛君如愛父애군여애부 – 임금을 어버이같이 사랑하였고,
憂國如憂家우국여우가 – 나라의 일을 내 집같이 근심하였다.
白日臨下土백일임하토 – 밝은 해가 아래 세상을 밝히니,
昭昭照丹衷소소조단충 – 거짓 없는 이 내 충신 환히 비추리.

아. 꿈 이야기

　남향한 요사채 마당 한 곁에 세 평 남짓 지은 각근사 정자는 서쪽이 터져있어 해가 늦게까지 비추고, 길을 따라 동에서 서로 여울물 흐르고 통풍이 잘되어 여름 내내 시원합니다.

　봄에는 복사꽃, 진달래, 여름 녹음, 가을 단풍, 겨울 설경과 어우러지면 한 폭의 수채화와 같습니다.

　여름날 오후 3시경이면 나무 그늘이 찾아오고 5시경에는 산그늘이 내려와 함께 해질녘까지 놀다 가곤 합니다.

　지난해 2025년 8월 13~14일 오전 기도를 마치고 점심 식사 후에 바람 소리, 매미 소리 들으며 책을 보다가 잠깐 잠이 들었는데, 제가 꿈에 신도님들과 부산역에서 기차를 타고 서울역-개성-신의주-중국-러시아 횡단철도-영국 버킹검궁까지 가는 꿈을 연이틀 꾸었습니다.

　꿈이 너무 선명하고 길몽(吉夢)이라 민족이 공유하면 평화통일이 실현될 것 같아 부산-영국 가는 노정을 명함 크기에 그려 넣고 "민족이여 꿈을 갖자 (유라드림)" 1000매를 인쇄하여 부처님 전에 놓고 100일 기도를 마쳤습니다.(2026. 2. 1.)

그리하여 인연 닿는 대로 꿈을 나누고 있습니다.

우리는 예부터 고진감래(苦盡甘來)를 믿고 산 민족이며 꿈을 꿔야 님을 보고 님을 보아야 뽕을 딴다는 희망을 가지고 살아왔으며, 꿈은 정신의 노님입니다.(夢是神遊)

"지성이면 감천이다. 정신 일도하면 모든 일이 이루어진다."는 등 아름다운 풍속이 전해지고 있습니다.

부처님께서는 한 사람이 진심으로 발심 기원하면 소원이 이루어진다. (一人發眞歸源 十方虛空皆悉消殞), 모든 것은 마음 먹은 대로 된다.(一切唯心造)를 말씀하셨습니다.

이 꿈은 우리 민족만이 꿀 수 있고 실현가능하며, 실현되면 남북 평화 통일은 물론 세계 평화가 이루어지니 민족이여 꿈을 가집시다.

자. 모과를 위한 변명(초심을 잃지 않는)

4월 초에 지리산에 들어가 토굴을 지으려고 땅을 고르는데, 풀숲에서 지난가을에 떨어진 모과가 5개나 나왔습니다. 풀속이라 얼지 않고 겨울을 난 것입니다. 토굴 한편에 놓고 보니 색도 노랗고 향기도 새콤한 것이 침샘이 마르지 않고 보기도 좋았습니다.

그런데 얼마 지나니 노란색이 빨갛게 바뀌고, 또 얼마 지나니 빨간색이 까맣게 바뀌고, 그러고는 하얗게 바뀌면서도 향기를 잃지 않고 내뿜는 것이었습니다. 색이 네 번이나 바뀌고도 향기를 잃지 않는 것을 보고, 그간 인간이 잘못된 편견으로 모과에게 억울한 누명을 씌워주었다는 생각이 들었습니다. "과일 망신은 모과가 시킨다"라는 말은 잘못된 비교에서 나온 것입니다.

『법화경』「약초유품」에서는 산천초목의 기능에 대하여 다음과 같이 말했습니다.

작은 뿌리, 작은 가지, 작은 줄기, 작은 잎새와 중간 뿌리, 중간 가지, 중간 줄기, 중간 잎새와 큰 뿌리, 큰 가지, 큰 줄기, 큰 잎새가 각각 자라서 꽃피고 열매 맺고 익어가느니라.

이는 차별적 평등이 이 세상의 물정임을 말하고 있는 것입니다.

호박이 아무리 커도 참깨 맛을 낼 수 없으며, 참깨가 아무리 고소해도 고추의 매운맛을 낼 수 없으며, 황새가 뱁새 모이는 곳에 가면 웃음거리가 될 것이고, 백로가 까마귀 모인 곳에 가면 왕따당할 것이며, 바가지가 조리대회 나가면 이기지 못할 것입니다.

서로 기능이 다르기 때문입니다. 서로 다른 것을 인정하면 장점이 보입니다. 모과는 미모대회에 나갈 것이 아니라 기능대회에 나가 감기를 낫게 하고, 인후를 보호하며 건강 기능 증진함을 자랑하여야 합니다. 며칠 만에 변심하여 악취가 나는 과일과 비교하면 그 지조가 우수하다는 품평을 받고, 그동안 억울한 누명을 벗고 우수한 과실의 반열에 오를 것입니다.

　주변을 혹시 편견으로 보고 있는지를 살필 것이며, 자기 능력을 잘못 비교하고 낙심하고 있지는 않는지 돌아볼 일입니다. 모과는 분명히 향기가 좋고 색도 아름다우며 약성도 훌륭하고 초심도 잃지 않는 과일이기에, 이를 세상에 자랑하고 변명합니다.

무르녹는 봄에
지는 꽃을 보고
생사거래(生死去來)가 궁금하여
나를 찾아 나섰다

나무의 나이테를
밖에서 안으로 세듯
내 나이를 역순으로 세어
0살에 이르니
관(觀)하던 호흡이 멈추고
생각이 끊어지면서

가늘고 강한 시원한 기운이
정수리에서 모공을 열고
미간을 지나
단전에 모이더니

내면에는 기쁨이

토굴에는 향기가 가득하였다.

새들이 몸에 주렁주렁 앉기에

네 생명과 내가 둘이 아니라 했다

이름을 붙이니 천지가 즉(卽)해 있었고

이름을 떼니

그대로 하나였다

함께 타고 가니 대승(大乘)이고

깨달으니 불승(佛乘)이었다

생명의 실상은 사랑이고 기쁨이었다

모두가 환희국(歡喜國)에서 왔기에

그대로가 축복이었다

– 행복이 내면에 살고 있었다–

몸을 넓혀 허공을 감싸보니

마음이 주인이었다

모두가 마음에서 나왔다

그러므로 모두가 참되다

이제야 온 길과 가는 길을 알았다

고개를 들어보니 밤은 삼경(三更)

하늘은 푸른 바다와 같고

별빛이 쏟아져 내리고 있었다

2008년 6월 21일

마음이 주인이었다

9. 수행안내문 抄
(수행에 참고가 될까 하여 아래에 제 경전을 초하여 첨부하니
참고하시길 바랍니다)

사전 준비

(1) 만약 단전의 위치를 모르면 장궤합장하여 반드시 확
인하셔야 합니다. 장궤합장이란 두 무릎을 곧게 세우
고 두 손을 합하는 것을 말하며, 장궤합장하면 배꼽
아래(약 3cm) 단전이 확인됩니다.

앉아서 단전이 알아질 때까지 연습해야 합니다.

1) 길상좌(吉祥坐) : 앉는 자세인데 왼발을 오른발
허벅지에 올려놓고 오른발을 왼쪽 허벅지에 올려
놓아 발바닥이 하늘을 향하도록 하는 자세로, 모
든 사찰 후불탱화와 등상불이 이 자세를 취하고
있습니다.

2) 항마좌(降魔座) : 위와 반대로 오른발을 왼쪽 허

벅지에 올려놓고 왼쪽 발을 오른쪽 허벅지에 올려
놓아 발바닥이 하늘을 향하도록 하는 좌법으로 선
정 수행자들이 활용합니다.

3) 반가부좌 : 왼쪽 허벅지 위에 오른발을 올려놓는
자세(양반다리 자세).

4) 와선(臥禪) : 길상좌, 항마좌, 반가부좌가 앉는
자세라면 와선은 누워서 하는 자세입니다. 베개
를 낮게 하고 반듯하게 누워 양다리를 조금 벌리
고 마음을 정륜, 미륜, 후륜, 심륜, 제륜(단전), 성
륜, 특히 해저륜(회음부)에 집중하면 짜릿한 기쁨
이 솟아납니다. 생명은 환희입니다.

(2) 칠지좌법

1) 위 자세 중 하나를 택하여 자세를 바로 한다.

2) 손은 길상좌의 경우 오른손을 왼손 위에 놓고(항마좌
선은 반대로 한다),

3) 배꼽 뒤 척추 5번을 중심으로 허리를 곧추세운다.

4) 어깨를 바로 한다.

5) 목을 바로 한다.

6) 혀를 입천장에 댄다.

7) 눈은 반개한다. (고단하면 감아도 된다.)

가. 안반수의경(安般守意經) 抄

(남회근 선생 저, 신원봉 역, 『불교 수행법 강의』,
간행사 [씨앗을 뿌리는 사람])

‘안나’는 들숨, ‘반나’는 날숨, ‘안나반나’는 들숨 날숨(調息)이다. 생각과 호흡이 하나로 결합 된 것을 ‘안반수의’라 하며, 이것은 연기법(煉氣法)이다.

이렇게 내가 들었다. 한때 부처님께서 사위국 기수급고독원에 계셨다. 그때 세존께서 여러 비구들에게 말씀하셨다. "마땅히 하나의 법을 수행하여 마땅히 하나의 법을 널리 펼쳐야 한다. 이미 하나의 법을 수행한다면 명예도 얻고, 큰 과보도 이루며, 여러 선(善)에 널리 도달할 것이다."

이때 세존께서 이렇게 가르치고 나서 자리를 떠 조용한 방으로 돌아가셨다. 이때 존자 라후라는 ‘어떻게 안반을 수행하면 근심 걱정을 제거하여 어떤 생각도 일어나지 않게 할 수 있을까’ 하는 생각이 들었다. 그러자 라후라는 곧바로 자리에서 일어나 세존 계신 곳으로 갔다. 도착하여 엎드려 예를 표하고 한쪽 곁에 앉았다.

잠깐 시간이 흐른 뒤 "어떻게 안반을 수행하여야 근심과 걱정을 제거하고 온갖 생각을 없애어 대과보를 얻어 감로의 맛을 얻을 수 있습니까?" 하고 여쭈니 세존께서 대답하셨다.

"훌륭하도다. 훌륭해, 라후라야. 네가 여래 앞에서 우렁찬 목소리로 이런 뜻을 다 묻는구나, 라후라야, 이제 주의 깊게 듣고서 잘 생각해 보거라. 내가 너에게 상세히 하나하나 말해 주리라.

라후라야, 마치 어느 비구처럼 즐겁게 고즈넉하고 조용한 곳을 찾아 몸을 바르게 하고 뜻을 바르게 하여 결가부좌하라. (뜻을 바르게 한다는 것은 마음속에 어떤 생각도 있어서는 안 된다는 뜻이다.)

의식을 코끝에 묶고 콧구멍으로 숨이 들고 나는 것을 의식하라. 그리하여 마음과 숨이 서로 의지하게 하라(心息相

依). 날숨이 길면 숨이 길다는 것을 알며, 들숨이 길면 숨이 길다는 것을 알며, 날숨이 차가우면 숨이 차가움을 알며, 들숨이 따뜻하면 숨이 따뜻함을 안다. (들숨 날숨을 모두 알게 되면 기억력이 매우 좋아지며 머리가 비상하게 영민해진다.) 어떤 때는 숨이 다시 생겨나면 지(知)도 다시 생겨난다. (호흡이 고요해져 마침내 정지하게 되면 망념이 전혀 일어나지 않는다. 망념이 일어나지 않을 때 스스로 그것을 안다.)

만약 숨이 마음으로부터 나오면 다시 마음으로부터 나옴을 역시 안다. 마음으로부터 나온다는 것은 마음이 움직인다는 뜻이다.

만약 숨이 마음으로부터 오면 역시 마음으로부터 들어옴을 다시 안다.

기를 오로지 하여 능히 부드럽기가 어린애같이 할 수 있는가?(專氣致柔 能嬰乎 – 노자) (늙고 싶지 않거든 배불리 먹지 말고, 죽고 싶지 않거든 뱃속에 변을 두지 말라.)

이처럼 라후라야, 능히 안반을 수행할 수 있는 자는 근심 걱정이 없고, 어지러운 번뇌가 없어 대과보를 획득하고 감로의 맛을 얻게 된다."

이때 세존께서는 라후라에게 미묘한 법문을 모두 설했다.
라후라가 법을 들은 후 안타원(청정도량)으로 가서 나무 그늘 아래 앉아 몸을 바로 하고 뜻을 바로 하여 결가부좌를 취했으며, 아무 다른 생각 없이 마음을 코끝에다 묶고는 부처님이 가르쳐 주신 대로 안반법문을 닦기 시작했다.
이때 라후라는 이렇게 생각했다. '욕심에서 문득 해탈하자 여러 악이 다시 일어나지 않고 각(覺)과 관(觀)이 생겨 기쁘고 편안한 마음으로 초선(初禪)에 나아갔다.' (반드시 호흡이 정지되어야 초선에 들어갈 수 있다.)
이때 라후라는 이렇게 사유하여 욕심으로부터 해탈했다.
(욕심은 성욕을 말한다. = 성욕이 끊어지지 않는 한 나한의 과위는 얻을 수 없다. 욕념에는 몽정, 자위행위, 음란한 생각이 포함된다.)

각과 관이 생겨나 기쁘고 편안하게 초선에 노닐었다. (각은 감각, 관은 지각.) 각과 관이 생겨난 상태에서 한 걸음 더 나아가면 속으로 기쁨이 넘치며 그 마음은 전일해져 각도 관도 사라지며 삼매의 기쁨으로 이선(二禪)에 노닐게 된다.

• 기쁘지 않은 상태가 오래 지속되면 모든 신체가 굳어져 기맥이 통하지 않게 된다. 기쁨이 다시 오게 되지 않아도 스스로 각지신락(覺知身樂)을 지켜 여러 성현이 항상 얻고자 하는 기쁨을 지닌 채 삼선에 노닌다. (삼선의 경계에서 비로소 질병이 제거될 수 있다.)

삼선에 도달하기 위해서는 한없는 공덕과 선심을 통해서 서서히 훈습하며 닦아야 한다. 삼선은 지선(至善)의 선열에 도달했기에 삼선은 성현의 경계이다. 고통과 즐거움은 이미 사라져 근심과 걱정은 없고 청정한 마음으로 사선(四禪)에 노닌다.

이 삼매에 들어 마음은 청정하고 더러움이 없고 신체는 부드럽게 된다. 이때가 되면 지혜가 나타나 어디서 왔는지를 알게 되고 예전에 행했던 것을 기억하여 무수한 겁에 걸친 숙명을 저절로 알게 된다. 동시에 분단생사에서 변역

생사로 진입해 들어가게 된다.

숙명통을 얻고 사과(四果)나한은 오백 생애를 알 수 있고, 대아라한은 더 많은 것을 알게 된다.

이 삼매를 얻음으로써 마음이 청정해져 찌꺼기가 없고, 여러 결사도 모두 없어진다. 다시 뜻을 베풀어 번뇌가 다한 마음을 이루게 된다.

이렇게 관하여 번뇌로부터 해탈하고자 했다. 마음으로 해탈을 얻고 이미 해탈하여 해탈지를 얻으니, 생사는 다하고 범행이 이미 수립되었으며 이전에 행한 모든 것이 판결되어 다시는 후생의 몸을 받지 않게 된다. 금계법이 다 갖춰지고 여러 근을 이루었으니, 점차 체득해 나가면 일체의 결사가 모두 사라지리라.

※ 안반을 닦아 조식법으로부터 입문하면 성취를 이룬 후 계·정·혜가 두루 갖추어져 애써 계율을 지키지 않아도 이미 수계(守戒)의 공덕이 완성되며, 여러 근이 신령스레 통하면서 해탈을 얻는다.

나. 종색 선사의 좌선의(坐禪儀) 抄

(정성본 지음, 『간화선의 이론과 실제』, 동국대학교 출판부)

(1) 좌선하는 마음의 준비

반야의 지혜를 수행하는 보살은 먼저 반드시 중생을 구제하려는 대비심을 일으키고 큰 서원을 세워야 한다. 열심히 선정의 삼매를 닦아 맹세코 중생을 제도할 것을 서약하여야 하며, 자기 자신만을 위하여 깨달음을 얻으려고 해서는 안 된다.

(2) 몸과 마음의 조절

좌선 수행을 하기 위해서는 여러 가지 잡다한 인연들을 떨쳐 버리고 번거로운 일들을 쉬게 하여 몸과 마음이 하나가 되게 하라. 몸을 움직여 일상생활을 할 때나 조용히 선정의 경지에 있을 때나 조금도 차이가 없도록 하라. 음식량을 조절하여 너무 많이 먹지도 말고 너무 적게 먹지도 말라. 수면을 조절하여 너무 적게 자지도 말고 너무 많이 자지도 말라.

(3) 좌선의 자세(調身)

1) 좌선을 하고자 할 때는 조용한 곳에서 두터운 방석을 깔고 옷과 허리띠를 느슨하게 하며 자세를 똑바로 정비한 뒤 결가부좌를 하도록 하라. 결가부좌는 먼저 오른쪽 발을 왼쪽 허벅지(넓적다리) 위에 올려놓고 왼쪽 발을 오른쪽 허벅지 위에 올려놓는다. 좌선은 반가부좌의 자세로 해도 좋다. 반가부좌를 할 때는 왼쪽 다리를 오른쪽 다리 위에 올려놓기만 하면 된다. 그다음 오른손을 왼발 위에 올려놓고 왼쪽 손바닥을 오른쪽 손바닥 위에 올려놓으며 양쪽 엄지손가락의 끝을 서로 맞대어 받쳐준다. 그리고 천천히 몸을 일으켜 앞으로 펴고 좌우로 몇 번 흔들어 잘 정돈한 뒤 몸을 바르게 단정히 앉는다.

2) 좌선의 자세 : 좌선한 가부좌의 자세에서 몸이 왼쪽이나 오른쪽으로 기울지 않도록 하라. 몸을 앞으로 구부리거나 뒤로 젖히지도 말라. 허리와 등뼈, 머리와 목의 골절이 서로서로 떠받쳐 그 모양이 마치 탑을 세워놓은 것같이 반듯하게 하라. 그러나 몸을 똑바로 곧

게 세우기 위하여 지나치게 신경 쓰고 힘을 주어 불안하게 해서는 안 된다. 반드시 귀와 어깨가 서로 나란히 되게 하며 코와 배꼽이 수직이 되게 하라. 혀는 잇몸을 가볍게 떠받치게 하며 위아래 입술과 이는 서로 맞대어 가볍게 다물도록 하라. 눈은 반드시 반쯤 뜨게 하고 졸음에 떨어지지 않도록 해야 한다. 이렇게 선정을 닦게 되면 그 효과는 실로 훌륭하게 된다.

(4) 좌선하는 마음가짐(調心)

옛날에 선정을 닦는 어느 고승이 있었는데 그는 언제나 눈을 뜨고 있었다고 한다. 최근에 동경 법문사의 원통 선사는 눈을 감고 좌선하는 것을 '흑산의 동굴에 빠져 지혜 작용이 전혀 없는 좌선'이라고 꾸짖고 있다. 정말로 깊은 의미가 있는 말이라는 사실을 알 수 있다.

좌선하는 몸가짐이 이미 안정되어 호흡이 잘 조정된 뒤에 하복부를 편안히 하고 일체의 선과 악에 대한 상대적 분별심을 생각하지 말아야 한다. 만약 번뇌 망념이 일어나면 곧바로 번뇌 망념이 일어난 사실을 자각하도록 하라.

(念起卽覺 覺之卽失)

이렇게 좌선 수행을 오래도록 하여 일체의 경계에 번뇌 망념이 없어진다면 자연히 나와 경계도 없어져서 하나가 된다. 이것이 좌선 수행을 하는 방법이므로 중요한 비결인 것이다. 자세히 생각해 볼 때 좌선이야말로 몸과 마음을 편안케 하는 안팎의 법문이라고 할 수 있는데, 좌선을 하다가 선병(禪病)을 얻는 자가 많으니 이것은 대개 좌선 수행의 방법과 마음가짐이 잘못된 것이라 하겠다.

(5) 좌선의 공덕

만약 이와 같이 좌선 수행의 의미와 방법을 잘 알고 좌선을 실천한다면 사대(四大)는 가볍고 편안하게 되며 정신은 상쾌하고 의식은 통일되어 지혜 작용은 분명하게 된다. 불법의 깨달음으로 지혜로운 삶이 되고 고요하고 맑은 마음으로 편안하고 즐거운 생활이 된다. 또한 만약에 자기 본심을 깨닫고 밝히게 되면 진실로 용이 물을 얻은 것과 같다 할 것이요, 호랑이가 산에서 거닐고 있는 것같이 자유자새가 된다. 혹시 아직 자기 본심을 깨닫지 못했다 하더라도 바람이 부는 방향에 불을 붙이면 불이 쉽게 번지는 것처럼, 많은 노력을 쏟지 않더라도 곧 깨닫게 될 것이다. 다만 어디까지나 자기 스스로 자각하여 확신을 획득해야 한다는 것을 명심하여야 하며 반드시 자신을 기만하는 일이 없도록 해야 한다.

(6) 마구니 경계

그러나 깨달은 경지가 높으면 높을수록 마구니의 장애가 많아진다. 어떤 때는 역경에서, 어떤 때는 순경에서 여러 가지 다양한 마구니 장애가 생긴다. 그러나 능히 본래심의 자세(정념)로 자기 자신의 일을 한다면 일체의 어떤 마구니의 장애에도 구애됨이 없다. 『능엄경』이나 천태 지의의 『마하지관』, 규봉 종밀의 『수증의』에서 한결같이 그러한 마구니의 경계에 대하여 자세히 설명하고 있다. 수행자는 예상치 못한 사태에 대비하기 위하여 마구니 장애에 대하여 알아두는 것이 좋다.

(7) 선정의 마침과 일상의 공부

좌선 수행을 끝내고 선정에서 벗어나려고 할 때는 천천히 몸을 움직여 안정하고 조심스럽게 일어나야 한다. 몸을 가볍고 난폭하게 움직이면 안 된다. 선정에서 나온 뒤에도 평상시의 일상생활에서 언제나 화두 참구하는 등 방편을 만들어 선정의 힘을 잘 간직하기를 마치 어린애를 보호하는 것같이 하라. 이와 같이 좌선 수행을 하면 선정의 힘을 쉽게 이룰 수 있다.

(8) 선정의 중요성

사실 선정을 닦는 수행은 불법을 닦는 수행자들에게 가장 절실하고 중요한 일이다. 산란된 마음을 차분히 가라앉히고 조용히 좌선하여 불법의 대의를 사유하지 않으면, 자신의 일상생활에서 지금 여기서 자신의 본래심을 상실하여 정신없이 멍청하게 살게 된다. "물속에 떨어진 구슬을 찾으려면 먼저 물결을 가라앉혀야 하며 물결이 흔들리면 구슬 찾기란 어려운 것이다"라고 말하고 있는 것이다.

선정이라는 물이 맑고 깨끗하게 되면 마음이란 구슬이

저절로 나타나게 된다. 때문에『원각경』에는 "걸림 없는 청정한 지혜는 모두 선정으로부터 생긴다"라고 말하고 있다. 또『법화경』에도 "한적한 곳에서 자기 마음을 잘 수습하여 선정을 닦아 편안히 안주하며 동요됨이 없는 모습이 마치 수미산과 같도록 하라"고 설하고 있다.

(9) 맺음말

범부의 경지를 뛰어넘고 또한 성인의 경지까지 초월하기 위해서는 반드시 정좌의 힘을 빌리고 있음을 알 수 있다. 앉은 채로 입적하고, 선 채로 죽을 수 있는 것도 모두 선정의 힘에 의한 것이다. 한평생을 다하여 본래면목을 밝히려고 정진해도 오히려 그르쳐 실패할까 걱정스러운데 하물며 이렇게 게을리하여 어떻게 번뇌 망상의 업성(業性)을 극복할 수 있겠는가.

그래서 고인도 만약 선정의 힘이 없으면 달갑게 생사 번뇌의 중생이 되는 문턱에 떨어져서 윤회하는 수밖에 없다고 말씀하였다. 불법을 체득한 지혜의 안목 없이 한평생을 헛되이 보내고, 완연하게 생사 망념의 고해에서 유랑하게 될 것이다. 바라건대 제발 모든 참선 수행자들이여, 이『좌선의』문장을 몇 번이고 반복하여 읽고 자기 자신을 구제함은 물론 남도 구제하여 모두 한결같이 올바른 불법을 깨닫도록 하라.

10. 상고사 고조선 강역도

고조선

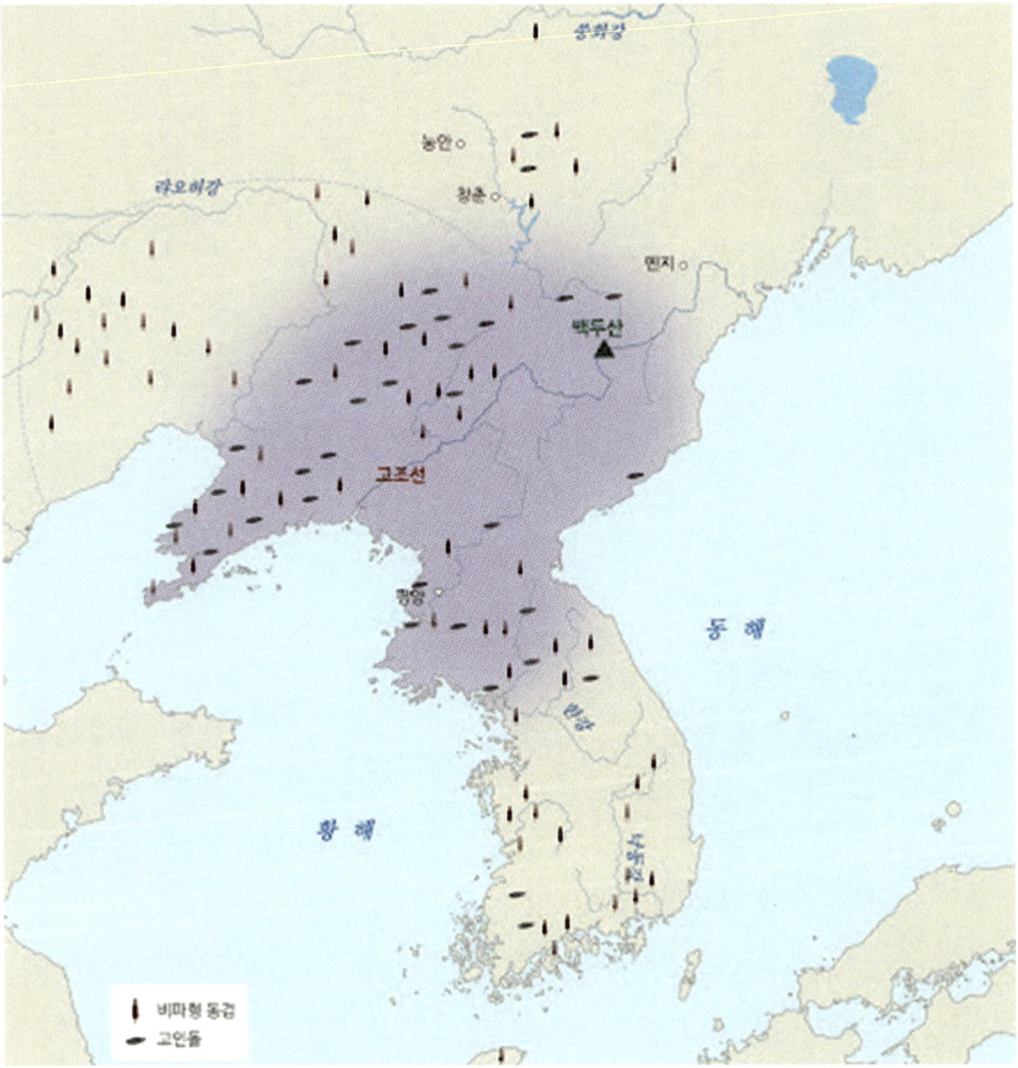

위키백과 「고조선」 문서

11. 참고문헌

1. 『단제 천부경』, 원조각성 강해, 통화총서간행회

2. 『대도직지』, 『중용직지』, 『능엄경 정해』(상·하), 『정맥소현시』, 상동

3. 『대산의 천부경』, 대산 김석진, 동방의 빛

4. 『불교 수행법 강의』, 남회근 지음, 신원봉 역, 씨앗을 뿌리는 사람

5. 『주역강의』, 남회근 지음, 신원봉 역, 문예출판사

6. 『역경잡설』, 상동

7. 『하나되는 한국사』, 고준환 박사 지음, 사단법인 한국교육진흥재단

8. 『뜻으로 본 한국역사』, 함석헌, 한길사

9. 『대한 상고사』, 정영규, 한국문화사

10. 『조선 상고사』, 단재 신채호, 비봉출판사

11. 『대산 주역 강의』(1·2·3), 대산 김석진, 한길사

12. 『간화선의 이론과 실제』, 정성본 지음, 동국대학교 출판부

13. 『사는 법을 배우다』, 뤽 페리 지음, 임왕준 옮김, 도서출판 기파랑

14. 『뇌, 생각의 출현』, 박문호 지음, 휴머니스트

15. 『불교와 제과학』, 동국대학교

16. 『카오스와 불교』, 김용운 지음, (주)사이언스북스

17. 『유마경 대강론』, 백봉 김기추, 불광출판부

18. 『티벳 사자의 서』, 파드마삼바바 저, 류시화 옮김, 정신세계사

19. 『도덕경』, 대산 김석진 · 신성수, 대학서적

20. 『감산의 노자풀이』, 감산 지음, 오진탁 옮김, 서광사

21. 『묘법연화경』, 각근사

22. 『장자』, 탄허 스님, 교림

23. 『화엄론경 회석』, 이통현 장자, 탄허 스님 현토, 원조각성 강해, 탄허
    불교문화재단

24. 『대승기신론』, 마명 보살, 원조각성 강해, 현음사

25. 『대승기신론 소 · 별기』, 은정희 역주, 일지사

26. 『정암 조광조』, 이종호 지음, 일지사

27. 『미라래빠 10만송』, 이정석 역해, (주)시공사

28. 『의식 수준을 넘어서』, 데이비드 홉킨스 저, 문진희 · 김명권 옮김, 백
    영미 감수, 판미동

29. 『논어강의』, 남회근 저, 송찬문 번역, 씨앗을 뿌리는 사람

30. 『조선불교통사』(상 · 중 · 하), 이능화, 동국대학교 출판부

31. 『논어신강』, 육이정, 일인서적 출판부

32. 『의학집요』, 송점식 찬, 효림

33. 『불교대사전』(상 · 하), 홍법원

34. 『주역정해』, 김석진, 대유학당

35. 『칠금산』, 고준환, 올리브그린
36. 『탄허 선사의 사교 회통 사상』, 문광 스님 저, 민족사

한라산 백록담

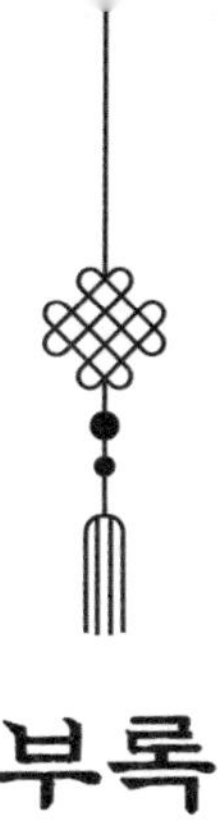

1. 각근사 유래(覺根寺 由來)

각근사 주지 무진행 스님이 대구 팔공산 기도(100일) 중에 석가모니불과 약왕보살님이 영화필름처럼 이 터를 정해주시고, 다섯 신선이 나와 나를(주지) 맞이한 불정선영(佛定仙迎)의 길지(吉地)로 산맥이 속리산 문장대에서 발원하고 낙동강을 끼고 오다가 상주 마니산(매악산)에서 멈추고, 강물이 휘어 감은 소위 산진수회(山盡水廻)한 명당 터입니다.

자좌오향(子坐午向)에 좌청룡 우백호 분명하고 조산, 안산, 수구(水口) 잘 생기고, 임자손향(壬子巽向)의 산신각 터 신령하며 동출서류(東出西流) 여울물 흐르고 서쪽이 툭

트여 늦게까지 해가 지지 않아 답답하지 않으며 봄에는 복사꽃, 산벚꽃이 흐드러지게 피고, 여름에는 녹음 속 매미소리 바람 타고 멀리까지 들리며 가을 단풍 우수수(憂愁愁) — 겨울 설경이 마치 한 폭의 수채화 같아 여기가 신선이 사는 동네(洞天)가 아닌가 합니다.

그리고 초가을 어느 날 마니산 정상에서 유영하는 잠자리떼, 그 위에 새끼 데리고 날기 연습하는 제비 떼, 그 위에 빙빙 도는 솔개, 그 위에 흰 구름 두둥실 어디로 가나 바라보는 파란 하늘 보았습니다.

각근사 이름은 요사채를 다 짓고 준공식을 하려는데 꿈에 하늘에서 각근사 주지(覺根寺 住持) 임명장이 내려와 용해사를 각근사로 바꾸었습니다. 처음 용해사는 집을 지으라고 땅을 고르는데 아래 동네 사시는 90세 되신 어르신이 지팡이 짚고 찾아와 요사채 마당에서 쌍용이 승천하는 꿈을 꾸었다 하시기에 길몽을 따라 용해사라 했었습니다.

20여 년 살아보니 삼재(수재, 풍재, 화재)로부터 안전하였으며, 산 정상에는 세계 선수권대회가 가능한 최적의

"패러글라이딩" 이륙장이 생겨 주말이면 붐비고, 낙동강 건너편 문필봉에 뜨는 해를 보고자 일 년 내내 인파가 모이며 특히 정초(1/1 금년 자동차 100대)에는 만원입니다.

2. 각근사의 특징

재가에 있으면서도 법화경을 소의경전으로 공부하던 스님이 환갑 나이에 출가하여 (늦깎이) 게으름을 피울 수 없어 20년을 하루같이 하루 5시간 이상 철야 정진하고 있으며 1942년 나라가 없을 때 태어났기 때문인지 나라가 잘 되었으면 하는 생각 한 번도 내려놓은 적이 없습니다. 그 일환으로 도산 안창호 문고 1000권을 나누어 주었습니다.

국경일 가까운 일요법회는 주중에 국경일이 있으면 당겨서 애국가, 국경일 노래, 순국선열에 대한 묵념하고 법회를 했으며, 사중은혜(부모님 은혜, 스승님 은혜, 국가 은혜, 사회 은혜)에 보답하고자 음력 3월 3일(소양절), 음력 9월 9일(중양절) 각각 21일 하루 다섯 시간씩 선망존비속

및 일체인연영가와 순국선열 및 호국영령님과 임진왜란 때 상주북천전투에서 산화하신 800여 의사분들의 영가를 천도하고 있습니다.

2016년 평화통일을 염원하며 천부경탑(천부인탑, 몽고반점을 가진 우리 민족의 세보)을 세우고 하루 1000독, 200일, 20만독하여 단황(군)을 친견했습니다. 그때 단황께서 빙그레 웃으시며 "겨레의 얼 천부경"을 한글로 칠판에 쓰시면서 한글세대에 알릴 것을 암시하셨습니다.

회향을 3일 앞둔 2016년 9월 30일 오후 2시경 수많은 제비떼가 사방에서 날아와 앉았다 날아갔으며 10월 3일 회향일에는 박근혜 대통령이 잘못된다는 것을 알았으며, 그 후 훌륭한 지도자가 나오기를 염원하며 279일을 기도하는데 윤 대통령 왼손 수명선이 반만 보여 수명이 짧은가 하고 가슴이 철렁했습니다. 이 천부경탑은 나라를 위해 기도하면 답이 있음을 알았습니다.

출간 후기

도서출판 행복에너지 회장 | 권선복

한 권의 책이 사람을 흔들 때가 있습니다. 지식이 아니라, 가슴으로 다가와 오랫동안 잊고 살았던 어떤 근원을 건드릴 때입니다. 『천부경 강해』는 바로 그런 책입니다. 이 책은 경전을 풀이한 책이 아니라, 삶으로 체득한 진리를 기록한 책이었습니다.

저자 무진행 스님은 저에게 있어 특별한 인연의 분입니다. 명문 강경상업고등학교 18년 선배. 같은 뿌리에서 자라 서로 다른 길을 걸어왔지만, 그 길의 끝에서 만난 것은 결국 하나였습니다. 바로 '본질'이었습니다.

"천지는 나와 더불어 본래 하나다."

"모든 것은 하나에서 나왔고, 다시 하나로 돌아간다."

그 단순한 진리가 이 책에서는 놀라울 만큼 깊고, 놀라울 만큼 명확하게 펼쳐집니다.

이 책이 더욱 놀라운 이유는 지식이 아니라 체험에서 비롯되었다는 점입니다. 정년 이후 수행과 기도를 통해 한 글자 한

글자 깨달아낸 과정. 그것은 단순한 해석이 아니라 삶 전체를 통과한 깨달음입니다.

저자는 말합니다. 천지는 나와 둘이 아니며, 생명의 본질은 사랑과 기쁨이라고. 왜 우리는 그토록 많은 것을 가지려 하면서도 정작 가장 중요한 것을 놓치고 살아왔는가. 왜 우리는 끝없이 바깥을 향해 달려가면서 정작 자신의 근원은 돌아보지 않았는가. 이 책은 그 질문을 던지는 책입니다. 그리고 동시에 그 답을 조용히 보여주는 책입니다.

지금 우리는 세계 10대 경제 대국이 되었습니다. 그러나 정신의 중심은 과연 그만큼 단단해졌는지 스스로에게 물어야 할 때입니다. 물질은 성장했지만 마음은 지쳐 있고, 속도는 빨라졌지만 삶은 공허해졌으며, 연결은 많아졌지만 사람은 더 외로워졌습니다. 이 책은 그 균형을 되찾게 합니다. 밖으로 향하던 시선을 안으로 돌리게 하고, 흩어졌던 생각을 하나로 모이게 합니다. 그리고 마침내 이 한 문장으로 우리를 이끕니다.

"너 자신을 알라."

이 책은 누군가에게는 철학서가 될 것이고, 누군가에게는 수행서가 될 것이며, 누군가에게는 인생의 전환점이 될 것입니다. 부디 이 책이 읽는 이의 가슴 깊은 곳에 닿아 흩어졌던 자신을 다시 하나로 모으고, 잊고 있던 본래의 자신을 다시 만나게 해주기를 바랍니다.

좋은 **원고**나 **출판 기획**이 있으신 분은 언제든지 **행복에너지**의 문을 두드려 주시기 바랍니다.
ksbdata@hanmail.net www.happybook.or.kr 문의 ☎ 010-3267-6277

'행복에너지'의 해피 대한민국 프로젝트!

<모교 책 보내기 운동> <군부대 책 보내기 운동>

한 권의 책은 한 사람의 인생을 바꾸는 힘을 가지고 있습니다. 한 사람의 인생이 바뀌면 한 나라의 국운이 바뀝니다. 그럼에도 불구하고 많은 학교의 도서관이 가난하며 나라를 지키는 군인들은 사회와 단절되어 자기계발을 하기 어렵습니다. 저희 행복에너지에서는 베스트셀러와 각종 기관에서 우수도서로 선정된 도서를 중심으로 <모교 책 보내기 운동>과 <군부대 책 보내기 운동>을 펼치고 있습니다. 책을 제공해 주시면 수요기관에서 감사장과 함께 기부금 영수증을 받을 수 있어 좋은 일에 따르는 적절한 세액 공제의 혜택도 뒤따르게 됩니다. 대한민국의 미래, 젊은이들에게 좋은 책을 보내주십시오. 독자 여러분의 자랑스러운 모교와 군부대에 보내진 한 권의 책은 더 크게 성장할 대한민국의 발판이 될 것입니다.

제 1 호

감 사 장

도서출판 행복에너지
대표 권 선 복

　귀 사 는 해군 제1함대사령부 장병 및 군무원의 교양과 정서 함양을 위해 귀중한 양질의 도서를 기증해 주셨습니다.
　이에 모든 부대원의 감사와 존경의 마음을 담아 감사장을 드립니다.

2024년 8월 30일

제1함대사령관
해군소장 박 규 백

제 3 호

감 사 장

도서출판 행복에너지
대표 권 선 복

　귀하께서는 평소 군에 대한 깊은 애정과 관심을 보내주셨으며, 특히 육군사관학교 장병 및 사관생도 정서 함양을 위해 귀중한 도서를 기증해 주셨기에 학교 全 장병의 마음을 담아 이 감사장을 드립니다.

2022년 1월 28일

육군사관학교장
중장 강 창 구